AF523586

EDGARDO LANDER
SANTIAGO ARCONADA RODRÍGUEZ (INVESTIGADOR ASOCIADO)

Crisis civilizatoria

Experiencias de los gobiernos progresistas y debates en la izquierda latinoamericana

Universidad de Guadalajara

Ricardo Villanueva Lomelí
Rectoría General

Héctor Raúl Solís Gadea
Vicerrectoría Ejecutiva

Guillermo Arturo Gómez Mata
Secretaría General

Juan Manuel Durán Juárez
Rectoría del Centro Universitario de Ciencias Sociales y Humanidades

Sayri Karp Mitastein
Dirección de la Editorial Universitaria

Primera edición, 2019

Autor
© Edgardo Lander

Investigador asociado
Santiago Arconada

An Imprint of transcript Verlag
http://www.bielefeld-university-press.de

Printed by Majuskel Medienproduktion GmbH, Wetzlar
Print-ISBN 978-3-8376-4889-8
PDF-ISBN 978-3-8394-4889-2
https://doi.org/10.14361/9783839448892

Impreso y hecho en Alemania
Printed and made in Germany

Centro Maria Sibylla Merian de Estudios Latinoamericanos Avanzados en Humanidades y Ciencias Sociales

Sarah Corona Berkin
Olaf Kaltmeier
Dirección

Gerardo Gutiérrez Cham
Hans-Jürgen Burchardt
Codirección

Nadine Pollvogt
Coordinación de Publicaciones

www.calas.lat

Gracias al apoyo de

En colaboración con

CALAS. Afrontar las crisis desde América Latina

Este libro forma parte de los ensayos concebidos desde la investigación interdisciplinaria que se lleva a cabo en el Centro Maria Sibylla Merian de Estudios Latinoamericanos Avanzados en Humanidades y Ciencias Sociales (CALAS), donde tratamos de fomentar el gran reto de analizar aspectos críticos sobre los procesos de cambios sociales. CALAS ha sido concebido como una red afín a la perspectiva de los Centros de Estudios Avanzados establecidos en distintas universidades del mundo y busca consolidarse como núcleo científico que promueve el desarrollo y la difusión de conocimientos sobre América Latina y sus interacciones globales. CALAS funciona en red, la sede principal, ubicada en la Universidad de Guadalajara (México), y las subsedes ubicadas en la Universidad de Costa Rica, Flacso Ecuador y Universidad Nacional de General San Martín en Argentina. Las instituciones latinoamericanas sedes están asociadas con cuatro universidades alemanas: Bielefeld, Kassel, Hannover y Jena; esta asociación fue impulsada por un generoso apoyo del Ministerio Federal de Educación e Investigación en Alemania.

La relevancia de estos libros, enfocados en el análisis de problemas sociales, trasciende linderos académicos. Se trata de aumentar la reflexión crítica sobre los conflictos más acuciantes en América Latina, como una contribución de primer orden para generar diálogos desde múltiples disciplinas y puntos de vista. Más allá de esto, el objetivo de esta publicaciones es buscar caminos para afrontar las múltiples crisis.

Como reconocidos analistas en sus respectivos campos de investigación, los autores nos invitan a ser copartícipes de sus reflexiones y a multiplicar los efectos de sus propuestas, a partir de su lectura.

Sarah Corona Berkin y Olaf Kaltmeier
Directores

Gerardo Gutiérrez Cham y Hans-Jürgen Burchardt
Codirectores

Índice

Introducción

La humanidad vive una profunda crisis, crisis terminal multidimensional del patrón civilizatorio moderno-colonial que está destruyendo las condiciones que hacen posible la producción y reproducción de la vida en el planeta Tierra. Es tal la profundidad de esta crisis que incluso las opciones que durante los últimos dos siglos y medio aparecían como alternativa al capitalismo, la expresión más acabada de dicho patrón civilizatorio, confrontan igualmente una severa crisis. Desde posturas asociadas al marxismo, a horizontes socialistas, y en general desde los más diversos ámbitos de la izquierda, se ha carecido de propuestas creíbles, capaces de señalar rumbos y opciones *otras* como salidas de la crisis, capaces de dar cauce, expresión, a los profundos y generalizados malestares que se extienden a los más amplios sectores de la población del planeta. Muy por el contrario, en la medida en que se acelera esta crisis sistémica y se extienden los impactos del colapso climático, en que se profundizan las desigualdades y se expande la inseguridad y la incertidumbre sobre el futuro, durante las últimas décadas se ha producido un marcado desplazamiento hacia opciones de derecha y derecha extrema. Gobiernos y partidos de orientaciones autoritarias, patriarcales y xenófobos cuentan con un creciente apoyo en la mayor parte del planeta.

En América Latina, en lo que fue considerado en ese momento como el continente de la esperanza, a contramarcha de estas tendencias globales, se produjeron en las primeras dos décadas de este siglo significativos desplazamientos político/culturales que condujeron a las experiencias de los denominados "gobiernos progresistas" que parecían abrir caminos en otras direcciones para la humanidad. Sin embargo, después de varios lustros es posible constatar que, en lo fundamental, estos proyectos han fracasado tanto como procesos de transformación anti-capitalistas y como alternativas a la modernidad colonial.

El presente libro aborda estas cuestiones en tres secciones. En primer lugar, se realiza un análisis de esta profunda crisis civilizatoria que hoy vive la humanidad. Se caracteriza ésta como la crisis terminal del patrón civilizatorio moderno-colonial que ha tenido como dimensiones constitutivas su carácter antropocéntrico, patriarcal, colonial, clasista y racista. Este patrón societal de crecimiento sin fin y asalto continuado al entorno natural, con sus modalidades hegemónicas de conocimiento, la ciencia y las tecnologías del capitalismo, está devastando en forma acelerada las condiciones de creación y reproducción de la vida en el planeta Tierra, amenazando no sólo la sobrevivencia humana, sino igualmente la de una elevada proporción de la vida. Se analizan en esta parte los principales diagnósticos sobre el estado del planeta y las propuestas básicas que están siendo debatidas/implementadas como respuesta a esta profunda crisis. Se abordan igualmente las implicaciones del hecho de que en los debates y respuestas hegemónicas de Estados, instituciones multilaterales, corporaciones y centros científico-tecnológicos, predomina la ausencia de una disposición a cuestionar los supuestos civilizatorios y patrones de conocimiento básicos y relaciones de poder que han conducido a la humanidad a la presente crisis. Con ello se produce una negativa radical a explorar posibles alternativas que den cuenta efectiva de la profundidad de ésta. Las soluciones tecnológicas *(technological fix)* y de mercado que se proponen desde estas perspectivas hegemónicas, se conciben a partir de los mismos patrones de mercado y modelos científico-tecnológicos que nos han conducido a la situación actual. Se trata, como en *El Gatopardo*, de definir qué es lo que hay que cambiar, qué respuestas e imágenes de transformación hay que generar, para garantizar que en realidad no cambie nada, para que la concentración del poder y las profundas desigualdades que caracterizan al sistema mundo capitalista colonial moderno, no sólo no se cuestionen, sino que se consoliden y profundicen.

En la segunda parte se analizan críticamente algunas dimensiones medulares de las experiencias de los tres gobiernos "progresistas" sudamericanos (Bolivia, Ecuador y Venezuela) en los cuales se postularon rupturas más radicales, no sólo con el régimen capitalista global hoy hegemónico, sino con dimensiones fundamentales, propiamente civilizatorias, constitutivas del sistema mundo colonial moderno. Estos gobiernos emergen en un momento histórico en que no sólo se acentuaba la crisis civilizatoria a la cual se ha hecho referencia, sino en que igualmente avanzaba aceleradamente la globalización neoliberal y se consolidaba la hegemonía unipolar de los Estados Unidos en lo que fue caracterizado como el *nuevo siglo americano* y el *fin de la Historia*. Los ojos del mundo se volcaron hacia estos novedosos proyectos de transformación social que parecían dar cuenta de, y presentar alternativas, en forma sistémica, integral, a las principales dimensiones de la crisis civilizatoria multidimensional que confronta la humanidad, a la necesidad de superar el antropocentrismo, el patriarcado, la colonialidad, el racismo, las relaciones de explotación/dominación del capital y los límites excluyentes de la democracia liberal. Se anuncian rupturas significativas en los sistemas políticos que en sus diferentes expresiones habían existido en el continente desde tiempos coloniales. Entran en la escena política como protagónicos otros sujetos sociales y políticos, en particular los provenientes del mundo indígena, y se incorporan novedosos/ancestrales horizontes normativos como los representados por las nociones del *buen vivir* y los *derechos de la naturaleza*.

No se pretende en este texto un balance global de estas experiencias. El análisis crítico de éstas se realiza a partir de preguntas acotadas, focalizadas: *¿Cómo han respondido estos procesos de transformación a los complejos y multidimensionales retos que nos plantea esta crisis civilizatoria en la que está en juego la sobrevivencia misma de la humanidad y la vida? ¿En qué medida fue posible en estos años dar pasos, aunque fuesen iniciales, en la dirección de transiciones hacia formas alternativas de producir, conocer y convivir con los otros seres humanos y la naturaleza?*

Contrastando los objetivos formulados en los discursos y documentos fundantes de los procesos políticos de estos tres países, en particular en los nuevos textos constitucionales, es posible concluir que en el logro de sus objetivos extraordinariamente ambiciosos, en lo fundamental, han fracasado. Hubo importantes logros —sin bien temporales— particularmente en el ámbito geopolítico y en la reducción de las desigualdades y la mejoría de las condiciones de vida de la población. Sin embargo, como ha sido el caso de los gobiernos neoliberales en el continente, con estos gobiernos progresistas se profundizó el extractivismo y la inserción colonial subordinada en la división internacional del trabajo y de la naturaleza. En lugar de confrontar la voraz maquinaria devastadora del capital global, sea éste del occidente o del oriente, se aceleró su alimentación. Ante las resistencias de pueblos y comunidades al avance sistemático de mega proyectos mineros, energéticos y agropecuarios sobre sus territorios, la respuesta gubernamental que ha predominado es la represión, como ha sido el caso en los gobiernos de orientación neoliberal.

Las interpretaciones y evaluaciones de los tres o cuatro lustros de estas experiencias han producido profundas confrontaciones en el seno de la izquierda, tanto latinoamericana como global. En la tercera parte de este texto, entre estas diversas posiciones, se analizan críticamente las posturas de lo que se denomina la izquierda oficial, una izquierda predominantemente estadocéntrica y partidista cuya expresión más representativa son los documentos y declaraciones del Foro de Sao Paulo que agrupa a la gran mayoría de las organizaciones que se definen como de izquierda en toda América Latina. Desde perspectivas que en su conjunto pueden ser catalogadas como ortodoxas, en esta izquierda oficial se han priorizado las dimensiones geopolíticas, tendiendo a predominar miradas maniqueas construidas en torno al eje anti-imperialista/imperialista desplazando a segundos o terceros planos las otras dimensiones esenciales de la realidad del mundo contemporáneo: antropocentrismo, patriarcado, racismo, colonialismo, eurocentrismo… Desde estas perspectivas se han tenido miradas poco críticas o autocríticas sobre las experiencias de estos gobiernos, con frecuencia expresando solidaridades incondicionales a dirigentes y gobiernos de estos procesos. Como nos ilustran claramente las declaraciones del Foro de Sao Paulo, esta izquierda oficial, lejos de reconocer la profundidad de la crisis civilizatoria que se confronta y lo que ha venido siendo la impotencia de sus formas de hacer política y el agotamiento histórico del socialismo estadocéntrico, desarrollista y monocultural como alternativa tanto al capitalismo como a la civilización en crisis, se ha atrincherado en la reafirmación de principios abstractos que han dejado de dar cuenta de la complejidad multiforme de la realidad contemporánea. Esta izquierda se ha cerrado sobre sí misma intentando, por esa vía, defender lo indefendible. Aparte de reconocer algunos "errores" y "desviaciones", la causa de todos los males que confronta la sociedad contemporánea y los problemas enfrentados por los procesos "progresistas" de cambio siempre están del otro lado, en el capitalismo, en el imperialismo, en la derecha.

La indagación reflexiva y genuinamente autocrítica del por qué todas las experiencias históricas del socialismo han fracasado como alternativas a esta sociedad en crisis y por qué el socialismo ha dejado de operar como un imaginario de futuro —tanto deseable como posible— está, en lo fundamental, marginalizado en los debates y preocupaciones de esta izquierda oficial. Esta ausencia de reflexión crítica/autocrítica es, en sí misma, la expresión más clara de la crisis de esta izquierda (¿de toda la tradición de la izquierda?), de su (¿nuestra?) creciente incapacidad para reconocer otras alternativas, otros horizontes de futuro que desde múltiples experiencias locales y regionales están construyendo otras formas de hacer política, están prefigurando otros futuros en el presente, y, por esa vía, dando cuenta de las dimensiones principales de la crisis que confrontamos.[1]

Este texto está escrito en un tono expresamente polémico, buscando transmitir con ello tanto el apremio de los asuntos que confrontamos, como la urgencia de reconocer la necesidad de acometer rupturas profundas con las formas de pensar y actuar que hemos heredado. Está concebido como una contribución a las reflexiones, debates y polémicas que es indispensable profundizar.

1 Las características, diversidades y potencialidades transformadoras de estas otras formas de la política y de construcción en el aquí y el ahora de alternativas no-capitalistas, no forma parte de los objetivos de este texto, y, por lo tanto, sólo son abordadas en términos someramente referenciales.

La crisis terminal del patrón civilizatorio de la modernidad colonial

Confrontamos, como humanidad, una profunda crisis civilizatoria. La crisis terminal del patrón civilizatorio prometeico de la modernidad colonial. Se trata de una crisis multiforme, multidimensional, de un patrón civilizatorio que en términos sintéticos puede ser caracterizado como *antropocéntrico, patriarcal, colonial, clasista, racista y cuyos patrones hegemónicos de conocimiento, su ciencia y su tecnología, lejos de ofrecer respuestas de salida a esta crisis civilizatoria, contribuyen a profundizarla*. Estas diversas dimensiones del patrón civilizatorio hegemónico no son de modo alguno independientes una de otra. Por el contrario, se retroalimentan y refuerzan entre sí.

Los dogmas antropocéntricos y patriarcales del progreso y del desarrollo, las fantasías de la posibilidad de un crecimiento sin fin en un planeta limitado, están socavando aceleradamente las condiciones que hacen posible la reproducción de la vida en el planeta Tierra. Este patrón de *desarrollo* y *progreso* ha encontrado su límite. A pesar de que una elevada proporción de la población no tiene acceso a las condiciones básicas de la vida (alimentación, agua potable, vivienda, etc.) la humanidad en su conjunto ya ha sobrepasado los límites de la *capacidad de carga* de la Tierra. Sin un freno a corto plazo de este patrón de crecimiento desbordado y una reorientación hacia el decrecimiento, la *armonía con el resto de la vida* y sin una *radical redistribución del acceso a los bienes comunes del planeta*, no está garantizada la continuidad de la vida humana a mediano plazo.

Cada una de las principales dimensiones de esta crisis ha sido profundizada durante las últimas décadas por la globalización neoliberal. Durante estas décadas han avanzado a pasos agigantados los procesos de mercantilización, apropiación y sometimiento tanto de las dinámicas naturales de reproducción de la vida, como de las prácticas culturales y modos de conocer de los diferentes pueblos del mundo para someterlos a las exigencias de la acumulación del capital.

La civilización de dominio científico-tecnológico sobre la llamada "naturaleza", que identifica el bienestar humano con la acumulación de objetos materiales y con el crecimiento económico sin fin —cuya máxima expresión histórica es el capitalismo— tiene el tiempo contado. La incorporación de nuevos territorios para la explotación, la apropiación del conocimiento de otros, así como la manipulación de los códigos de la vida (biotecnología) y de la materia (nanotecnología), aceleran la aproximación a los límites en un planeta finito. En un momento histórico en que los patrones civilizatorios hegemónicos demuestran su inviabilidad, en que la monocultura de la modernidad colonial se aproxima a su límite, la humanidad precisa con urgencia de la diversidad y multiplicidad de culturas, formas de conocer, pensar y vivir, como fuentes de alternativas para responder a esta crisis civilizatoria. Sin embargo, esos *otros*, como es el caso de los pueblos y culturas indígenas y campesinas de todo el planeta, están siendo amenazados/devastados por el avance inexorable de la lógica de mercantilización de todas las dimensiones de la vida y los procesos de *acumulación por desposesión*.

El capitalismo, en su escala actual, con su inevitable lógica expansiva de devastación, es incompatible con la preservación de la vida tal como la conocemos. Esto convierte en un asunto de vida o muerte la necesidad de poner freno a esta desbocada maquinaria.

Acelerada destrucción de las condiciones que han hecho posible la creación y reproducción de la vida

A pesar de que, como veremos más adelante, persiste el negacionismo, principalmente entre sectores ligados a la industria fósil y por parte de neoconservadores en los Estados Unidos, entre la comunidad científico-académica internacional y los centenares de millones de personas que enfrentan hoy en todo el planeta las consecuencias del colapso climático, ha quedado atrás toda duda sobre la realidad y gravedad de éste, y sobre sus determinantes antropogénicos.

El Grupo Intergubernamental de Cambio Climático (IPCC)

El análisis más exhaustivo, el más detalladamente documentado sobre las actuales transformaciones climáticas en escala planetaria, es el que ha venido realizando el Grupo Intergubernamental de Cambio Climático en cinco sucesivos informes desde el año 1990.[2] Dichos informes son el resultado del trabajo de centenares de especialistas en una amplia gama de disciplinas relacionadas con el clima, de todas partes del mundo, sobre la base del análisis de todos los trabajos publicados en revistas científicas especializadas sobre estos temas y demás informes producidos por la totalidad de los centros de investigación científica dedicados a asuntos relacionados con éste en todo el planeta. En cada uno de los sucesivos informes del IPCC, se ha presentado una caracterización más severa y con mayores niveles de confianza sobre las tendencias climáticas presentadas. Se trata de informes que, lejos de tener intencionalidades alarmistas, tienen un sesgo conservador. No sólo requieren elevados niveles de consenso entre los científicos participantes para cada una de sus afirmaciones, sino que, adicionalmente, dichas conclusiones pasan por el filtro de los representantes de los gobiernos de todo el mundo a nombre de los cuales este grupo presenta sus resultados. Algunos de estos gobiernos, como es el caso de los Estados Unidos, han hecho lo posible por minimizar, incluso negar, la severidad de las transformaciones climáticas en curso (Rattani 2018).

2 Estos informes han sido publicados en los años 1990, 1996, 2001, 2007 y 2014.

Entre las principales conclusiones que presenta el último informe del IPCC correspondiente al año 2014 destacan las siguientes:

> La influencia humana en el sistema climático es clara, y las emisiones antropógenas recientes de gases de efecto invernadero son las más altas de la historia.
>
> El calentamiento en el sistema climático es inequívoco, y desde la década de 1950 muchos de los cambios observados no han tenido precedentes en los últimos decenios a milenios.
>
> Cada uno de los tres últimos decenios ha sido sucesivamente más cálido en la superficie de la Tierra que cualquier decenio anterior desde 1850.
>
> [...] Cuanto mayor sea la perturbación de la actividad humana sobre el clima, mayores serán los riesgos de impactos graves, generalizados e irreversibles en las personas y los ecosistemas, y más duraderos serán los cambios en todos los componentes del sistema climático.
>
> En el periodo comprendido entre 1992 y 2011, los mantos de hielo de Groenlandia y la Antártida han ido perdiendo masa, y es probable que esa pérdida se haya producido a un ritmo más rápido entre 2002 y 2011.
>
> Los glaciares han continuado menguando en casi todo el mundo.
>
> Es muy probable que la superficie media anual del hielo marino del Ártico haya disminuido durante el periodo 1979-2012 en un rango del 3,5% al 4,1% por decenio.
>
> Desde mediados del siglo XIX, el ritmo de la elevación del nivel del mar ha sido superior a la media de los dos milenios anteriores.
>
> Las emisiones antropógenas de gases de efecto invernadero han aumentado desde la era preindustrial, en gran medida como resultado del crecimiento económico y demográfico, y actualmente son mayores que nunca. Como consecuencia, se han alcanzado unas concentraciones atmosféricas de dióxido de carbono, metano y óxido nitroso sin parangón en por lo menos los últimos 800 000 años.
>
> Desde aproximadamente 1950 se han observado cambios en muchos fenómenos meteorológicos y climáticos extremos.
>
> En todos los escenarios de emisiones evaluados, las proyecciones señalan que la temperatura en superficie continuará aumentando a lo

> largo del siglo XXI. Es muy probable que las olas de calor ocurran con mayor frecuencia y duren más, y que los episodios de precipitación extrema sean más intensos y frecuentes en muchas regiones. El océano se seguirá calentando y acidificando, y el nivel medio global del mar continuará elevándose.
>
> El cambio climático agravará los riesgos existentes y creará nuevos riesgos para los sistemas naturales y humanos. Los riesgos se distribuyen de forma dispar y son generalmente mayores para las personas y comunidades desfavorecidas de los países, sea cual sea el nivel de desarrollo de éstos.
>
> Muchos aspectos del cambio climático y los impactos asociados continuarán durante siglos, incluso si se detienen las emisiones antropógenas de gases de efecto invernadero. Los riesgos de cambios abruptos o irreversibles aumentan a medida que crece la magnitud del calentamiento.
>
> Sin nuevos esfuerzos de mitigación al margen de los que existen en la actualidad, e incluso llevando a cabo una labor de adaptación, a finales del siglo XXI el calentamiento provocará un riesgo alto a muy alto de impactos graves, generalizados e irreversibles a escala mundial.

El informe de síntesis destaca que disponemos de los medios para limitar el cambio climático y sus riesgos y de muchas soluciones que permitirían el continuo desarrollo económico y humano. Sin embargo, para estabilizar el aumento de la temperatura por debajo de 2 °C respecto de los niveles preindustriales, sería necesario un cambio radical y urgente del *statu quo*. Además, cuanto más esperemos a actuar, mayores serán el costo y los desafíos tecnológicos, económicos, sociales e institucionales que enfrentaremos (Grupo Intergubernamental de Expertos sobre el Cambio Climático 2014).

Además de los informes del IPCC, son diversas las aproximaciones metodológicas que utilizan la muy amplia información permitida por los sofisticados instrumentos tecnológicos con los cuales se cuenta para caracterizar lo que está ocurriendo en el planeta. No existe consenso generalizado sobre ninguno de estos enfoques, y algunos han generado intensas polémicas. No es el propósito de este texto caracterizar estos debates ni evaluar el valor relativo de cada uno de ellos. Lo que interesa destacar es que, en términos generales, todos coinciden en que se han sobrepasado los límites de la capacidad de carga del planeta y que la vida, tal como la conocemos, está en severo peligro. Vale la pena detenerse brevemente en algunos de estos enfoques, ampliamente divulgados, ya que permiten constatar que si no se toman a corto plazo medidas drásticas en proporción a la gravedad de la crisis que enfrentamos como humanidad, no es en modo alguno por falta de información o porque queden dudas razonables sobre lo que está ocurriendo.

Los límites planetarios

El Stockholm Resilience Centre de la Universidad de Estocolmo ha elaborado un modelo de nueve variables, que caracteriza como límites planetarios que sería indispensable controlar para garantizar la salud del ecosistema terrestre. Más allá de los debates sobre la posibilidad de definir límites objetivos cuantificables (Brand y Wissen 2018), este enfoque tiene la virtud de ampliar la mirada a una gama de dimensiones que permiten un análisis integral de la situación del planeta. Estas variables son:

1. Cambio climático.
2. Cambio en la integridad de la biosfera (pérdida de biodiversidad y extinción de especies).
3. Destrucción de la capa ozono-estratosférica.
4. Acidificación de los océanos.
5. Flujos bioquímicos en la atmósfera (ciclos de fósforo y nitrógeno).
6. Cambios en el sistema de uso de las tierras (por ejemplo, deforestación).
7. Uso de agua dulce.
8. Carga de aerosoles atmosféricos (partículas microscópicas en la atmósfera que afectan el clima y los organismos vivos).
9. Introducción de entidades nuevas (por ejemplo, contaminantes orgánicos, materiales radiactivos, nanomateriales y microplásticos).

Esas nueve dimensiones han sido representadas en una escala de cuatro categorías:

1. Límites que no han sido hasta el momento cuantificados.
2. Debajo de los límites (seguro).
3. Una zona de incertidumbre (riesgo en incremento).
4. Más allá de la zona de incertidumbre (alto riesgo).

De acuerdo con el informe actualizado correspondiente al año 2015, cuatro de esos límites ya habrían sido superados como consecuencia de la actividad humana: *el cambio climático; la integridad de la biosfera; cambios en el sistema de uso de las tierras; y los flujos bioquímicos en la atmósfera*. Dos de éstos, el cambio climático y la integridad de la biosfera, son caracterizados como límites medulares que llevarían al sistema Tierra a un nuevo estado (Stockholm Resilience Center 2015).

Biocapacidad y huella ecológica

La Red Global de Huella Ecológica (Global Footprint Network s/f) busca cuantificar la presión que ejercen los seres humanos sobre los sistemas de reproducción de la vida en el planeta. Para ello trabaja con dos categorías principales: biocapacidad y huella ecológica. La *biocapacidad* o *capacidad biológica* es definida como la capacidad de los ecosistemas para producir materiales biológicos y para absorber los desechos generados por los humanos, bajo los esquemas de manejo y las tecnologías actuales.

La *huella ecológica* es un indicador del impacto ambiental generado por la demanda humana que se hace de los recursos existentes en los ecosistemas del planeta y su capacidad de procesar desechos, relacionándola con la capacidad ecológica de la Tierra de regenerar esas capacidades. Con el propósito de sintetizar la noción de huella ecológica en un indicador unitario, los cálculos de la huella ecológica se realizan sumando el número de hectáreas de productividad promedio que serían necesarias para un determinado patrón de vida y consumo, ya sea individual, local, regional por país, por continente o global. Para ello se incorporan los siguientes componentes: 1. Superficie construida, vivienda, vialidad, etc.; 2. Superficie requerida para absorber la huella de carbón generada; 3. Superficie agrícola; 4. Superficie de pastoreo; 5. Superficies boscosas; 6. Superficie requerida para la pesca (Global Footprint Network s/f). Hoy, de lejos, la superficie requerida para reabsorber la huella de carbón es la mayor de todas las presiones sobre la biocapacidad del planeta.

De acuerdo con esta perspectiva y sus métodos de cálculo, si la huella ecológica del conjunto de la humanidad es menor que la biocapacidad del planeta, existe una *reserva ecológica*. Si, por el contrario, la huella ecológica es mayor que la biocapacidad del planeta, se produce un *déficit ecológico* o *deuda ecológica*.

El *equivalente planetario* es el número de planetas Tierra que sería necesario para soportar la huella ecológica de la humanidad dada una determinada huella ecológica global, por país, etcétera.

De acuerdo con los cálculos de la Red, la humanidad en su conjunto utilizó menos del total de la biocapacidad del planeta hasta comienzos de la década del 70 del siglo pasado, acumulando un creciente déficit ecológico desde entonces.

> Desde la década de 1970, la humanidad ha tenido un exceso ecológico, con una demanda anual de recursos que excede lo que la Tierra puede regenerar cada año. Hoy la humanidad usa el equivalente de 1.7 Tierras para proporcionar los recursos que usamos y absorber nuestros desechos. Esto significa que ahora le toma a la Tierra un año y seis meses regenerar lo que usamos en un año. Usamos más recursos y servicios ecológicos de los que la naturaleza puede regenerar a través de la sobrepesca, la sobreexplotación de los bosques y la emisión de más dióxido de carbono a la atmósfera de lo que los bosques pueden secuestrar (Global Footprint Network s/f).

Mediante la cuantificación de la huella ecológica es posible evaluar la presión humana, ya sea sobre el conjunto del planeta, o sobre territorios más acotados, continentes, países, etc. La huella ecológica varía extraordinariamente de una región a otra del planeta de acuerdo con los patrones de vida y niveles de consumo de sus poblaciones. Los países industrializados del Norte Global, tanto en términos de acumulación histórica como de sus actividades actuales, tienen una huella ecológica mucho mayor que la de los países del Sur Global y tienden a sobrepasar en mucho la capacidad de carga de sus propios territorios.

> Si hay un déficit ecológico regional o nacional, significa que la región está importando biocapacidad a través del comercio o liquidando activos ecológicos regionales, o emitiendo desechos en bienes comunes globales como la atmósfera. A diferencia de la escala nacional, el déficit ecológico global no puede compensarse mediante el comercio, y por lo tanto es igual al rebasamiento (Global Footprint Network s/f).

La huella ecológica que hoy sobrepasa la capacidad de carga global ocurre en condiciones de extremas desigualdades. Como se señaló anteriormente, una significativa proporción de la población del planeta no cuenta con acceso regular a bienes básicos de la vida como alimentación, agua, vivienda y energía. En contraste, para que toda la población del planeta tuviese los niveles de consumo promedio actuales de la población de los Estados Unidos, serían necesarios 4,1 planetas (McDonald 2015).

El Antropoceno y la sexta gran extinción

Otra contribución importante al diagnóstico y cuantificación de la situación ambiental del planeta son los informes denominados *Planeta Vivo*, producidos conjuntamente por el WWF Internacional (Suiza); Instituto de Zoología de la Sociedad Zoológica de Londres; el Centro de Resiliencia de la Universidad de Estocolmo; la Red Global de Huella Ecológica; el Instituto de Ambiente de Estocolmo y Metabolic de los Países Bajos (WWF y otros 2016, 2018). Estos informes abordan la crisis ambiental planetaria a partir del seguimiento de lo que está ocurriendo con la biodiversidad y la abundancia de especies en los ecosistemas del planeta. El informe correspondiente al año 2016 tiene como eje de análisis la caracterización del Antropoceno como sexto evento de extinción masiva en el mundo.

> El tamaño y la escala de la actividad humana han crecido exponencialmente desde la mitad del siglo XX. En consecuencia, las condiciones ambientales que fomentaron este formidable crecimiento están empezando a cambiar. Para simbolizar esta condición ambiental emergente, el ganador del premio Nobel Paul Crutzen (2002) y otros autores han planteado que hemos hecho la transición del Holoceno a una nueva época geológica, a la que han denominado el "Antropoceno". En el Antropoceno, nuestro clima ha cambiado a mayor velocidad, los océanos se han acidificado y han desaparecido biomas enteros, todo ello a un ritmo medible durante el periodo de vida de un ser humano.
>
> Es tal la magnitud de nuestro impacto en el planeta que el Antropoceno podría calificarse como el sexto evento de extinción masiva del mundo. En el pasado, esos acontecimientos tardaron entre cientos de miles y millones de años en verificarse. Lo que hace tan asombroso al Antropoceno es que esos cambios están ocurriendo en periodos de tiempo, en extremo, condensados. Además, el motor de esta transición es excepcional. Es la primera vez que una época geológica podría estar determinada por lo que una sola especie (*homo sapiens*) le ha hecho conscientemente al planeta, en oposición a lo que el planeta les ha impuesto a las especies que lo habitan (WWF y otros 2016).

El indicador principal con el cual trabaja el Planeta Vivo para el estudio de la diversidad es el *Índice de Planeta Vivo Global* que hace un monitoreo a través del tiempo de 14.152 observaciones de 3.706 especies de vertebrados (mamíferos, aves, peces, anfibios y reptiles) en todo el mundo. De acuerdo con los resultados de este monitoreo, entre los años 1970 y 2012, sólo 42 años, "la abundancia poblacional de vertebrados sufrió una disminución de 58%" sin que se den señales de que el ritmo de descenso anual esté disminuyendo (WWF y otros 2016, 12).

Entre los años 1972 y 2012, las poblaciones terrestres disminuyeron en un 38%, las de agua dulce en un 81% y las marinas en 36%. "Si persiste la tendencia actual, en 2020, las poblaciones de vertebrados habrán menguado, en promedio, 67% respecto a 1970." (WWF y otros 2016, 14). De acuerdo con el informe correspondiente al año 2018, con datos actualizados hasta el año 2014, "Las disminuciones de la población de especies son particularmente pronunciadas en los trópicos, con América del Sur y Central sufriendo la disminución más dramática, una pérdida del 89% en comparación con 1970." (WWF y otros 2018).

De acuerdo con el Secretario Ejecutivo de la Convención para la Diversidad Biológica de la ONU, Ahmed Djoghlaf, se están extinguiendo 150 especies animales al día, la mayor pérdida de diversidad biológica desde que desaparecieron los dinosaurios (*El País* 2007).

Impactos socioambientales presentes y futuros de las transformaciones climáticas globales

A pesar de que el calentamiento global es lo que ha recibido mayor atención, y ha sido más ampliamente documentado en las últimas décadas, no da cuenta, por sí solo, de las múltiples dimensiones del colapso ambiental global. Ya no se trata de potenciales impactos a mediano o corto plazo, sino de transformaciones que están alterando y destruyendo las condiciones de reproducción de la vida de centenares de millones de personas en el presente. Los impactos más importantes son los siguientes:

1. Mayor frecuencia e intensidad de eventos climáticos extremos: huracanes, inundaciones, sequías, olas de calor, incendios forestales. El huracán María marcó un antes y un después en la vida de los habitantes de la isla de Puerto Rico. Un año después de haber ocurrido, permanecían miles de viviendas destruidas y sin servicios básicos, se ha producido una significativa migración. Esta devastación, en condiciones de profundo endeudamiento del sector público, está siendo utilizada para

draconianas políticas de austeridad y privatizaciones que amenazan incluso a la Universidad de Puerto Rico.

2. Sequías prolongadas, procesos de desertificación y pérdida extendida de tierras agrícolas y pecuarias. En África, en especial, esto ha generado masivas migraciones climáticas en la medida en que se destruyen las condiciones de reproducción de sus vidas.
3. La elevación del nivel de los mares está conduciendo a la desaparición de islas habitadas. Centenares de millones de personas, especialmente en Bangladesh, viven en territorios de muy poca elevación sobre el nivel del mar que están amenazados con quedar inundados en forma permanente (Ahmed 2015). Las ciudades costeras en todo el planeta están en riesgo severo.
4. El derretimiento de los glaciares pone en riesgo la vida de la sexta parte de la humanidad que depende de ríos que se originan en glaciares (Jamail 2018). Esto es particularmente amenazante para América del Sur, donde están situados 99% de todos los glaciares tropicales del planeta, glaciares que son extremadamente sensibles a cambios climáticos. Se ha producido una reducción sostenida de su volumen y cobertura a lo largo de los últimos 50 años. Esto es especialmente grave para Bolivia y Perú, ya que buena parte de su población vive en zonas áridas donde son altamente dependientes de los ríos alimentados por glaciares (Rabatel y otros 2013).[3]
5. La acelerada pérdida de biodiversidad, que es una condición fundamental para la preservación de la vida, se hace aún más grave en las condiciones de los cambios climáticos acelerados que están operando en la actualidad. Sistemas ecológicos completos pueden colapsar como consecuencia de la pérdida de diversidad biológica. Puede ocurrir la *extinción funcional* de una especie cuando ésta, a pesar de conservar niveles relativos de abundancia, deja de desempeñar interacciones con el ambiente, sin las cuales se pueden producir efectos devastadores sobre otras especies (Rabatel y otros 2013).

---

[3] Estas tendencias están analizadas en forma exhaustiva en un informe preparado por la UNESCO para la COP 24 realizada en Katowise, Polonia, en diciembre 2018. (UNESCO 2018).

La capacidad de adaptación a las actuales cambiantes condiciones climáticas se limita significativamente cuando la biodiversidad es reducida. De severas consecuencias sociales y políticas es la pérdida de la variedad de semillas de alimentos básicos como trigo, maíz, soya, papa y el control que sobre éstas tienen en forma oligopólica unas pocas transnacionales…

Al masivo colapso de la población de insectos en el planeta, causado por la acción humana, se le ha puesto menos atención y ha sido estudiado menos sistemáticamente que la pérdida en la biodiversidad y población de otras variedades de vida animal y vegetal. Sin embargo, constituyen los insectos un componente esencial de los sistemas de vida en el planeta. Entre otras funciones son una fuente fundamental de alimentación para aves y peces. La pérdida de polinizadores representa una severa amenaza para la reproducción de plantas tanto salvajes como cultivadas, y con ello la seguridad alimentaria de la humanidad (Bidau 2018).

6. Contaminación en gran escala de tierras y aguas por el uso de agrotóxicos en la agricultura y por la escala, concentración y métodos utilizados en las denominadas fábricas de animales, como las grandes industrias del cerdo.
7. Contaminación local en las grandes ciudades del Sur Global, con severos efectos sobre la salud de sus pobladores.
8. La elevación de la temperatura de los mares y su acidificación está deteriorando los arrecifes de coral que juegan un papel vital en la protección de las zonas costeras, sirven de hábitat para muchas especies marinas, son fuente de nitrógeno y otros nutrientes esenciales para las cadenas alimentarias marinas y contribuyen a la fijación del carbono y el nitrógeno (Queensland Museum 2010-2019). Con alto y muy elevado grado de confianza, el IPCC, afirma que con una elevación de la temperatura de 1.5 grados centígrados desaparecerían entre 70% y 90% de los arrecifes coralinos y 99% en el caso de que la elevación de la temperatura llegase a los 2 grados centígrados (Intergovernmental Panel on Climate Change 2018).
9. De acuerdo con el Informe Lancet sobre salud y cambio climático correspondiente al año 2018: “Los cambios actuales en las olas de calor, capa-

cidad laboral, enfermedades transmitidas por vectores y seguridad alimentaria dan un alerta temprana del impacto múltiple y aplastante en la salud pública si las temperaturas continúan subiendo como se espera. Las tendencias del impacto, exposición y vulnerabilidades al cambio climático muestran un nivel inaceptablemente alto de riesgo para la salud actual y futura de la población en todo el mundo (Lancet 2018).

Si bien hay pleno consenso en las comunidades científicas sobre la gravedad de las transformaciones ambientales y sobre su origen antropogénico, no hay un pleno consenso sobre el tiempo con el que cuenta la humanidad antes de que la continuidad de estos procesos devastadores, sobre todo la continuada producción de gases de efecto invernadero, provoquen efectos catastróficos e irreversibles. Es tal la complejidad de estos procesos, su carácter no lineal y sus dinámicas de retroalimentación, que aun los sistemas de cálculo más sofisticados no tienen capacidad para establecer con precisión cuáles podrán ser los puntos de inflexión a partir de los cuales todo cambiaría. De acuerdo con el Instituto Potsdam de Investigación sobre los impactos del cambio climático y un conjunto de otras instituciones reconocidas que trabajan sobre el tema (Potsdam Institute for Climate Impact Research y otros 2017),[4] el tiempo con el cual se cuenta para tomar medidas drásticas es extraordinariamente reducido. De acuerdo con estas instituciones, la meta a la cual se llegó en el acuerdo de París para impedir que el aumento en la temperatura promedio global supere los dos grados, y en la medida de lo posible que no supere un grado y medio sobre los niveles pre industriales, es considerada como necesaria para impedir riesgos incalculables para la humanidad. Sin embargo, eso sólo sería realista si las emisiones de gases de efecto invernadero llegan a su máximo a más tardar para el año 2020, y a partir de ese año comienzan a descender. De acuerdo con este informe, de no lograrse

4 Son corresponsables de este informe las siguientes organizaciones e individuos: Climate Policy Initiative, Conservation International, International Renewable Energy Agency, The New Climate Economy, Partnership on Sustainable Low Carbon Transport, Raíd Detxhon (UN Foundation), We Mean Business y World Resources Institute.

esa meta, el planeta corre el riesgo de ir más allá de umbrales a partir de los cuales se desatarían grandes, y en lo fundamental, irreversibles cambios en el sistema terrestre.

¿Cómo se responde a estos retos desde los poderes fácticos del sistema mundo capitalista?

En este contexto de profunda crisis que está corroyendo las condiciones de reproducción de la vida, los imaginarios del progreso, del desarrollo, del crecimiento sin fin, siguen orientando las políticas públicas y las prioridades de inversión en todo el sistema mundo. Para las organizaciones económicas y financieras multilaterales como el Fondo Monetario Internacional, el crecimiento del Producto Interno Bruto sigue siendo el criterio principal con el cual se evalúan los resultados de la actividad económica, objetivo en función del cual se formulan las principales orientaciones de política económica. En todos los países del mundo se continúa evaluando la gestión de los gobiernos a partir de estos mismos criterios. Este consenso en torno a la deseabilidad de un "fuerte crecimiento económico global" fue ratificado en la declaración final del G20 realizado en Buenos Aires a final del año 2018 (G20 2019).

En contraste con las múltiples señales de alarma formuladas por los diagnósticos a los cuales se ha venido haciendo referencia, todas las principales proyecciones de consumo de combustibles fósiles apuntan hacia un sostenido crecimiento de éste mucho más allá del año 2020. De acuerdo con la Agencia Internacional de Energía, en el supuesto de que se cumplan los compromisos del Acuerdo de París, la demanda de petróleo seguirá creciendo por lo menos hasta el año 2040, último año para el cual realizan la proyección (International Energy Agency 2017). En lo que denominan las "economías avanzadas", continuaría una lenta reducción de las emanaciones de gases de efecto invernadero, las emanaciones producidas por China se estabilizarían por unos años para comenzar lentamente a descender en torno al año 2030. Sin embargo, estas reducciones serían más que compensadas por el incremento sostenido que se continuaría produciendo en lo que denominan "el resto del mundo".

El informe de la Shell sobre la transición energética correspondiente al año 2018, explora las tendencias en las emisiones de gases de efecto invernadero y en la temperatura en tres posibles escenarios. En sólo uno de ellos, escenario en el cual la sociedad tome acciones necesarias para cumplir con los acuerdos de París, sería posible evitar que la temperatura superase los dos grados centígrados. "Ello requeriría una colaboración sostenida y sin precedentes a través de todos los sectores de la sociedad, apoyada por políticas gubernamentales altamente efectivas" (Shell 2018). El retiro de los Estados Unidos del acuerdo de París convirtió a estos objetivos en una remota posibilidad.

De acuerdo con la empresa BP, el uso de combustibles fósiles seguirá creciendo por lo menos hasta el año 2040, último año para el cual realizan estimaciones. Las emisiones de gases de efecto invernadero seguirán igualmente incrementándose (BP 2018, 7, 14).

Las proyecciones de la ExxonMobil señalan que entre 2015 y 2040 el Producto Interno Bruto mundial se duplicará. Entre el año 2015 y el 2030, la clase media global, con sus correspondientes niveles de consumo, tendrá un crecimiento aún mayor. En proyecciones que llegan hasta el año 2040, el consumo de combustibles fósiles seguiría creciendo en forma sostenida hasta dicho año, en el cual 60% de las necesidades energéticas del planeta serían satisfechas con petróleo y gas (ExxonMobil 2017).

¿Qué habría que cambiar para que no cambie nada?

Ya sea en forma explícita o no, las élites económicas, políticas y científicas del planeta se han venido formulando una compleja interrogante: ¿Cómo dar respuesta a la profunda crisis climática sin confrontar los patrones civilizatorios que nos han conducido a ésta y sin impugnar las relaciones de poder que hoy controlan las decisiones que definen el rumbo del planeta, sin cuestionar las formas dominantes del conocimiento de la modernidad colonial? En otras palabras, como en *El Gatopardo*, ¿qué habría que cambiar para que no cambie nada?

¿Es posible dar respuestas efectivas desde los mismos patrones económicos, estatales, mercantiles y científico-tecnológicos que han conducido a la humanidad a la presente crisis? No sería conveniente tomarse en serio la advertencia de Albert Einstein: "No podemos resolver los problemas con la misma mentalidad con la que los creamos".

¿Es posible plantear salidas que permitan la sobrevivencia de la vida humana en el planeta sin un cuestionamiento radical del proyecto de la modernidad colonial, esto es, en palabras de Santiago Castro-Gómez (2000), del "intento fáustico de someter la vida entera al control absoluto del hombre bajo la guía segura del conocimiento"?

¿Es posible encontrar salidas a la profunda crisis ambiental sin alterar las extraordinarias desigualdades existentes, y sin una drástica reducción de los patrones de consumo de las minorías más ricas del planeta, cuando se estima que casi 50% de las emisiones de carbono son consecuencia de las actividades de alrededor de 10% de la población global, que 70% de las emisiones son generadas por 20% de la población (Anderson 2018) y "solamente 10 países, con Estados Unidos a la cabeza, son los responsables históricos de dos tercios de los gases emitidos y que actualmente 10 naciones son responsables de más de 70% de las emisiones" (Ribeiro 2018)?

Desde los poderes hegemónicos, el reto está en cómo acotar los problemas que enfrenta la humanidad de forma tal que éstos puedan ser abordados sin cuestionar los fundamentos del patrón civilizatorio actual. ¿Cómo realizar el diagnóstico de manera tal que tenga soluciones tecnológicas y de mercado que, lejos de cuestionar el orden capitalista existente, lo reafirmen?

Hay una estrecha, inseparable imbricación entre dimensiones propiamente ontológicas y epistemológicas que tienen que ver con los supuestos medulares de la modernidad colonial (separación sujeto/objeto, la naturaleza como objeto, los dogmas del desarrollo del progreso, del crecimiento sin fin, los imaginarios de la posibilidad del control total de seres humanos y naturaleza), por un lado, y por el otro, los intereses políticos, geopolíticos y económicos, los lugares de enunciación, a partir de los cuales se formulan los diagnósticos y se proponen soluciones a los retos que hoy enfrenta la humanidad.

Un patrón ampliamente extendido en las respuestas que se formulan desde los centros de poder político, económico y científico contemporáneos, es la búsqueda de reducir la compleja interrelación de factores que inciden en las transformaciones climáticas, a unas pocas, y preferiblemente una sola, variable. Si ésta puede ser sintetizada en una sola cifra, aún mejor. Es esto expresión del reduccionismo radical que confunde realidad con cuantificación. Así como en la economía se ha pretendido expresar la compleja realidad económica en una cifra, el PIB, en los estudios, debates y acuerdos internacionales sobre cambio climático, se ha ido avanzando en dirección a esta misma lógica reductora. Las multiformes dimensiones del colapso ambiental planetario se han reducido a un aspecto básico: el calentamiento global, entendido éste como la elevación de la temperatura promedio de la superficie terrestre. Esto a su vez ha sido reducido a una única determinación causal: la emisión de gases de efecto invernadero como consecuencia principalmente de la quema de combustibles fósiles. Seguidamente se crea un indicador sintético: la cifra de concentración de partículas de gases de efecto invernadero en la atmósfera, expresado en partes por millón, en lo que Camila Moreno ha denominado la *métrica del carbono*.[5] De esta manera, la crisis de un patrón civilizatorio antropocéntrico, patriarcal y monocultural de crecimiento sin fin es acotada como un asunto técnico. ¿Cómo limitar, mediante restricciones en las emisiones y mediante mecanismos de captura, la concentración de gases de efecto invernadero

---

5 A partir de este reduccionismo, y de las soluciones que se proponen a partir de éste, ni siquiera se da cuenta adecuada de las diversas fuentes de gases de efecto invernadero más allá de la quema de combustibles fósiles. Incorporar a las negociaciones la necesidad de reducir drásticamente las emanaciones de metano que produce el ganado vacuno implicaría enfrentar fuertes intereses corporativos y cuestionar los patrones alimentarios carnívoros que se han expandido aceleradamente en las décadas de la globalización neoliberal.

en la atmósfera? ¿Qué regulaciones, qué respuestas tecnológicas y qué inversiones serían necesarias para este fin?

Como argumenta Moreno, la forma en que describimos y enmarcamos un problema predetermina el tipo de soluciones y respuestas que podemos considerar. Esto es, a la vez que se iluminan algunas dimensiones del problema, se oscurecen u ocultan otras. A la vez que se destaca la pertinencia y utilidad de unos determinados patrones de conocimiento y sus capacidades tecnológicas, se niega o destruyen otras. Cuando se trata de asuntos complejos con relación a los cuales existen diferentes interpretaciones e intereses divergentes, un primer ámbito de confrontación y de ejercicio de relaciones desiguales de poder opera precisamente en el control de la agenda, en la definición de las interrogantes básicas: ¿Cómo se entiende qué es lo que está en juego? En la medida en que se imponga una interpretación única, las posibles respuestas desde otros sujetos, otros saberes, otras perspectivas quedan descartadas, aunque la historia haya demostrado una y otra vez que muchas de esas otras culturas tienen mayor capacidad de vivir en armonía con la naturaleza que la lógica moderna colonial, a pesar de toda su sofisticación científico/tecnológica. Desde una perspectiva autoritariamente monocultural, se niega la posibilidad de otras opciones de vida, de otras culturas en el planeta Tierra. Perspectivas tales como el Sumak Kawsay y el Suma Qamaña o la defensa los derechos de la naturaleza como puntos de partida para iniciar las requeridas transformaciones paradigmáticas profundas en la relación de los seres humanos con el resto de las redes de la vida, ni siquiera merecen unos instantes de atención.

De esta manera, los diagnósticos, debates y acuerdos internacionales sobre cambio climático han operado como dispositivos que han reforzado la exclusión y el control colonial sobre los "otros" quienes, desde sus conocimientos y experiencias, no tendrían nada que aportar. Con esto se comete, propiamente, un epistemicidio. Como señala Camila Moreno:

> [...] el cambio climático inducido por el hombre está sucediendo y sucediendo rápidamente. [...] al encuadrar el problema en un modo

específico centrado en el carbono crea conocimiento y posibilidades para la comunicación global y la acción política, también excluye e incluso destruye el conocimiento al mismo tiempo.

[...] traducir una crisis multidimensional ecológica y social compleja como el cambio climático a toneladas de dióxido de carbono equivalentes (CO_2) –que podemos medir, contar, poseer, asignarles un precio y comerciar– no sólo reduce nuestra visión de lo que serían acciones verdaderamente transformadoras, sino que permite que actores e intereses sigan operando el sistema actual como hasta ahora (Moreno, Speich Chassé y Fuhr 2017).

La métrica del carbono ha permitido la asignación de un valor monetario a las emisiones de carbono, y con ello la creación de diseños institucionales *ad hoc* denominados *mercados de carbono* en los cuales se compra y se vende, nacional e internacionalmente, el derecho a contaminar (Dag Hammarskjöld Foundation 2009; Transnational Institute y Carbon Trade Watch 2007). Esto permite a los países y empresas más ricos mantener o incrementar sus niveles de consumo y contaminación, compensándolo con pagos a los países más pobres para que limiten sus emisiones. Quienes cuentan con mayores recursos financieros pueden así seguir apropiándose de un bien común fundamental del planeta, la capacidad de absorción/retención de gases de efecto invernadero. Un mecanismo particularmente perverso dentro de la lógica de los mercados de carbono, la constituyen los mecanismos coloniales destinados a reducir las emisiones de la deforestación y la degradación de los bosques (REDD y REDD+) mediante los cuales la gestión de los bosques pasa de las modalidades tradicionales de los habitantes locales de éstos, a una gestión científico/tecnológica altamente sofisticada, controlada por transnacionales y grandes ONG ambientales (Cabello y Gilbertson 2012).

Cuando el problema está acotado en estos términos, los asuntos más importantes que están en juego permanecen invisibilizados o relegados a ámbitos políticos de carácter secundario. En primer lugar, queda fuera de todo diagnóstico, debate o acuerdo el asunto crucial de las extremas y crecientes desigualdades que caracterizan al mundo actual.

A nadie se le ocurriría la osadía de plantear en las negociaciones climáticas internacionales que sólo mediante una redistribución radical de la utilización de la capacidad de carga del planeta, sería posible abordar simultáneamente los temas de los límites del planeta y el hecho de que centenares de millones de personas carecen de las condiciones básicas para la reproducción de sus propias vidas.

El papel fundamental de los patrones de producción, distribución y consumo de alimentos de la agroindustria que produce extraordinarios impactos ambientales por la vía de la reducción de la diversidad genética, la masiva contaminación de aguas y tierras con agrotóxicos, la deforestación requerida para la expansión de la frontera agrícola, desaparecen de una mirada centrada en la métrica del carbono. De acuerdo con GRAIN, organización internacional dedicada a apoyar a los pequeños campesinos en la lucha por sistemas alimentarios biodiversos y controlados por las comunidades, "el uso de fertilizantes, pesticidas, maquinarias y la destrucción de los suelos provocan algo más de la décima parte de los gases invernadero. Una de las principales causas de la destrucción de los suelos es que ya no se devuelve la materia orgánica al suelo" (GRAIN 2010). "Conjuntamente, las cinco corporaciones productoras de carne y lácteos son en la actualidad responsables de más emisiones anuales de gases de efecto invernadero que la ExxonMobil, la Shell y BP" (GRAIN 2018). Alternativas tales como las que viene proponiendo desde hace años Vía Campesina referidas a la contribución que puede hacer la agricultura campesina ecológica al enfriamiento del planeta (Vía Campesina 2015), ni siquiera son consideradas. Las experiencias y conocimientos de los pueblos indígenas de la Amazonía, que no sólo han vivido durante milenios en armonía con su entorno, sino que, a través de sus prácticas culturales, han contribuido a crear sistemas ecológicos de mayor diversidad biológica, son considerados como poco científicos, por lo que esas voces son excluidas incluso de los proyectos referidos a sus propios territorios.

Si el problema con el consumo energético es abordado exclusivamente como un asunto de las emanaciones de gases de efecto invernadero, no es necesario cuestionarse sobre los niveles del consumo energético que se asume que inevitablemente continuarán creciendo en forma sostenida. En consecuencia, se consideran como alternativas adecuadas todas aquellas modalidades de generación de energía que contribuyan a limitar las emisiones.

Desde este acotamiento se ha buscado relegitimar la energía nuclear (Public Citizen s/f; Union of Concerned Scientists s/f). Incluso el destacado ambientalista James Lovelock, creador de la hipótesis Gaia, ha argumentado que la energía nuclear es la única opción para salvar al planeta (McCarthy 2004).

Se destacan las virtudes de las energías eólicas y solares como energías limpias, sin incorporar en el análisis las consecuencias de la minería en gran escala que es necesario llevar a cabo en territorios de pueblos del Sur Global, para que éstas sean posibles. Se celebra el hecho de que estas fuentes no producen emisiones en su fase de generación de energía, pero se deja fuera del debate el hecho de que las mega instalaciones eólicas y solares controladas por grandes corporaciones limitan la realización de las aspiraciones que existen hoy en comunidades en todo el mundo por el acceso a la energía como derecho y por un control democrático, local, soberano de la producción y la gestión de ésta (Transnational Institute 2016; Brand, Gensler y Strickner 2012).

Se promueve la construcción de grandes represas hidroeléctricas como energía limpia, a pesar de sus devastadores impactos ambientales, incluso sus masivas emisiones durante la fase de construcción. Los ríos tienen funciones fundamentales en la preservación de ecosistemas en todo el planeta.

> En muchos sitios, los ríos de flujo libre con conectividad son fundamentales para transportar sedimentos aguas abajo, proporcionar nutrientes a los suelos de las llanuras inundables, conservar llanuras aluviales y los deltas que amortiguan los efectos de los acontecimientos climáticos extremos, servir como lugares de esparcimiento y propiciar plenitud espiritual (WWF y otros 2016, 38).

Y, sin embargo, de acuerdo con el Informe 2016 de Planeta Vivo, casi la mitad del volumen total de ríos del planeta han sido alterados por la regulación o fragmentación de sus caudales. Si se culminasen las 3.700 grandes represas de riego o hidroeléctricas que han sido planificadas o están en fase de construcción, quedaría afectado el 93% del caudal natural de los ríos del planeta (WWF y otros 2016, 36). La oposición a las grandes represas que desplazan a poblaciones de sus territorios constituye en la actualidad uno de los focos de resistencia más ampliamente extendido en todo el Sur Global, en particular en América Latina (Gómez 2014; RED-DESC s/f y Gómez Fuentes 2015).

A nombre de la protección ambiental, desde una mirada focalizada en los efectos de la quema de combustibles fósiles, se han promovido los agro combustibles como combustibles ecológicos. Por esta vía se sustituye la producción de alimentos por la producción de combustible para vehículos, a pesar de que más de 800 millones de personas padecen de desnutrición crónica. La soberanía alimentaria de pueblos indígenas está siendo especialmente amenazada. Con la expansión de la frontera de los monocultivos para este fin, se aceleran los procesos de deforestación y la pérdida de diversidad biológica de los bosques, contribuyendo de esta manera a acelerar las transformaciones climáticas que se supone que se está intentando limitar (Global Forest Coalition 2007). Después de años en que la Unión Europea ha promovido los biocombustibles como más amigables para el planeta que los combustibles fósiles, una investigación reciente ha llegado a la conclusión de que los combustibles basados en el aceite de palma son tres veces más perjudiciales para el ambiente que los combustibles fósiles. A las emisiones de gases de efecto invernadero, se agregan los impactos de la deforestación, la destrucción de turberas, la afectación de la diversidad biológica y el desplazamiento de poblaciones (Malins 2017). Con base en estos resultados, el parlamento de Noruega ha decidido prohibir la importación de aceite de palma a partir del año 2020 (Chow 2018).

Uno de los ejemplos más notorios del bloqueo de alternativas que opera como consecuencia de los diagnósticos reduccionistas, como el de la métrica del carbono, es la forma como se incorporan los automóviles eléctricos al debate y a las políticas sobre el cambio climático. Son múltiples los impactos económicos, sociales y culturales que ha tenido la generalización del uso del automóvil individual en todo el planeta. Es extraordinaria la presión sobre territorios que genera la minería metálica en gran escala requerida para su producción, sobre todo en el Sur Global; ha contribuido a una expansión inviable de las ciudades (*urban sprawl*); produce millones de muertes al año por accidentes automotores; le quita la ciudad a los peatones y altera los espacios de socialización compartida; contribuye al aumento de las enfermedades cardiovasculares en la medida en que se camina menos; contribuye a la celebración de las desigualdades sociales en la medida en que los automóviles se convierten en símbolos de prestigio y ostentación; contribuye a bloquear el establecimiento de sistemas de transporte público eficientes y, como resultado de la congestión, incrementa significativamente el tiempo que los citadinos tienen que dedicarle diariamente a su movilización. Cuando operan con motores de combustión interna, contribuyen a la contaminación urbana y al calentamiento global mediante la emisión de gases de efecto invernadero. Cuando el "problema" del automóvil es reducido exclusivamente a esto último, a la emisión de gases de efecto invernadero, es posible una solución técnica: la introducción de automóviles eléctricos. Todas las otras dimensiones de la cultura del automóvil individual quedan excluidas del debate. Al presentarlos como "ecológicos", gobiernos y corporaciones automotrices relegitiman al automóvil individual como la modalidad normal del transporte en la sociedad moderna. Mediante subsidios y demás incentivos públicos, se ha inducido al cambio de automóviles de combustión interna por automóviles eléctricos como vía para incrementar la demanda y dinamizar el crecimiento de la economía (Brie y Candeia 2012). De acuerdo con proyecciones divulgadas por el Foro Económico Global de Davos, se estima que para el año 2040 se habrá duplicado el número de automóviles con relación a su existencia actual (World Economic Forum 2016). A pesar de todas las celebraciones en torno a las virtudes del automóvil eléctrico, la ExxonMobil estima que para el año 2040, aproximadamente el 80% de los automóviles seguirán operando con combustibles fósiles (ExxonMobil 2017).

La economía verde

La propuesta estratégica más ambiciosa que se ha formulado desde los centros económicos, políticos y científicos hoy hegemónicos, ha sido la *economía verde*. Se trata de formulaciones mediante las cuales, a nombre de la preservación de la vida en el planeta, se abren las puertas al aprovechamiento de la crisis ambiental para crear un nuevo ámbito de la acumulación del capital mediante la profundización del control y la mercantilización de la naturaleza.

Siguiendo la misma direccionalidad de construcciones teóricas legitimadoras previas, como el desarrollo sustentable (Asamblea General de las Naciones Unidas 1987), dispositivo teórico epistemológico creado para buscar salvar al dogma del desarrollo ante la creciente evidencia de que se estaba conduciendo a la humanidad hacia un precipicio, el Programa de las Naciones Unidas para el Desarrollo (PNUD), en preparación para la Conferencia de las Naciones Unidas sobre Desarrollo Sostenible, Río +20, realizada en Río de Janeiro en el año 2012, con la contribución de expertos de todo el mundo, produjo un documento de más de 600 páginas en el cual se exploran con gran detalle los problemas ambientales que confronta el planeta. Con la propuesta de la economía verde, se busca definir un nuevo marco conceptual dentro del cual deberían darse los debates, negociaciones y procesos de formulación de políticas de todos los países y los organismos multilaterales.[6]

Este dispositivo pretende la magia de hacer posible, en forma simultánea, tanto la continuación, e incluso aceleramiento del crecimiento económico, como la protección del planeta. Es una extraordinaria síntesis de respuestas tecnológicas (*technological fix*) y soluciones de mercado a la crisis que vive la humanidad. Se trata de un sofisticado esfuerzo por demostrar que es posible resolver los problemas de la crisis ambiental del planeta, sin alterar la estructura global del poder en el sistema mundo, ni las relaciones de dominación y explotación existentes

6 Para una síntesis en castellano de este informe ver: Programa de Naciones Unidas para el Medio Ambiente (2011).

en éste. Se argumenta, a lo largo del informe, que sólo con los mismos mecanismos de mercado y patrones científicos y tecnológicos, con la misma lógica del crecimiento sostenido, será posible salvar la vida en el planeta. Buscan con esto superar lo que denominan el mito de que exista una disyuntiva entre progreso económico y sostenibilidad ambiental.

De acuerdo con el PNUMA, mediante la transición hacia la economía verde se podrá relanzar la economía global con tasas de crecimiento muy superiores a las que serían posibles con el modelo actual. Se lograría generar más y mejores empleos, se reduciría la pobreza, se alcanzarían mayores niveles de equidad y las metas del milenio, todo ello de un modo sostenible, esto es, reconociendo el valor de la naturaleza, reduciendo la emisión de gases de efecto invernadero y la presión sobre el entorno natural, permitiendo así su recuperación. Todo esto, por supuesto, creando nuevas y rentables áreas de inversión que harían posible al capital global salir de su crisis actual y aumentar sus tasas de ganancia. De acuerdo con esto, no se trata de cuestionar la posibilidad de un crecimiento económico sostenido, ni la noción del progreso, sino de reorientar las inversiones y la innovación tecnológica en dirección de la economía verde. Al demostrar una terca incapacidad para siquiera imaginar la posibilidad de otro mundo posible, se argumenta que el determinante más importante de la actual crisis ha sido la asignación incorrecta del capital. Se trata, por ello, de *fallas del mercado*. Argumentan que durante las últimas décadas, la mayor parte de las inversiones se realizaron en bienes raíces, combustibles fósiles y activos financieros. Comparativamente, se habría invertido muy poco en energías renovables, eficiencia energética, transporte público, agricultura sostenible, protección de los ecosistemas y de la diversidad biológica, y conservación del suelo y el agua. El problema residiría entonces en que el mercado habría venido operando con señales equivocadas. La solución que se propone está, por lo tanto, orientada a crearle a los mercados otras señales, de manera que las actividades que contribuyan a la preservación de la vida sean más rentables que las que le hacen daño a ésta.

La constatación de estas severas "fallas del mercado" y sus extraordinariamente peligrosas consecuencias para la vida en el planeta no lleva al PNUMA siquiera a pensar en la posibilidad de que estas señales sean consecuencia del creciente poder de los mercados financieros en la definición de las políticas públicas, del creciente sometimiento de toda otra lógica social, sea la democracia, la equidad, la solidaridad, o incluso la preservación de la vida, a un criterio único: la maximización de la ganancia a corto plazo para el capital. De acuerdo con el informe en cuestión, el problema es mucho más acotado, un problema que puede ser resuelto sin necesidad de transformaciones estructurales en la operación del sistema y mucho menos entrar en consideraciones de orden civilizatorio. Se trata sólo de que "los mercados" han estado operando sobre la base de "fallas de información", la no-incorporación del costo de "las externalidades", y sobre la base de políticas públicas inadecuadas como los "subsidios perversos o perjudiciales para el medio ambiente". Por ello, las soluciones que propone el informe son un conjunto de "directrices relacionadas con las políticas necesarias", para lograr que el contexto regulatorio, los incentivos y las condiciones de acceso a la información en las cuales operan los mercados cambien.

La transición a la economía verde y sus nuevas bases tecnológicas requeriría inversiones del orden de millardos de billones de dólares, montos con los cuales sólo cuenta el capital financiero global y las grandes transnacionales. De esta manera, el futuro del planeta dependería de que los Estados, mediante políticas impositivas, regulaciones, incentivos e inversiones, lograsen reorientar este monto de inversiones privadas de la "economía marrón" a la "economía verde".[7]

Son también problemáticos los procesos de financiarización de la naturaleza basados, entre otros, en la noción de la tragedia de los comunes formulada por Garrett Hardin (1968). Desde muchas corrientes del liberalismo, se defiende la idea de que para proteger a la naturaleza es indispensable asignarle, tanto un dueño, como un valor monetario. Los *servicios ambientales*, los *mercados de carbono*, *Redd* y *Redd+* mencionados anteriormente, son los principales instrumentos mediante los cuales se aprovecha la crisis ambiental para crear nuevos ámbitos de

---

7 Para análisis críticos de la economía verde, ver: Lander (2011) y Moreno (2013).

valorización del capital y avanzar en el control centralizado corporativo y estatal de los *bienes comunes* del planeta, imponiendo lógicas mercantiles sobre territorios de pueblos aborígenes y campesinos. De esta manera se obstaculiza o impide la operación de otras lógicas culturales de relación con el entorno natural que durante milenios han permitido la convivencia humana con el resto de las redes de la vida.

La geoingeniería

La búsqueda de soluciones tecnológicas a la crisis ambiental, basada en la prepotencia que hace creer que es posible el pleno control sobre todos los procesos de la naturaleza, encuentra una de sus expresiones máximas en la *geoingeniería*.

Esta noción prometeica del hombre amo y dueño de la naturaleza (hombre en masculino porque se trata de un patrón civilizatorio patriarcal), busca llevar hasta su plena realización el sueño de Francis Bacon quien, desde los orígenes mismos de la modernidad, concibió el conocimiento como poder, como la capacidad para someter, controlar y doblegar a las fuerzas de la naturaleza. Son la ingeniería genética (manipulación de los códigos de la vida) y la geoingeniería, los ejemplo más extremos y más peligrosos de operar al interior de esos imaginarios y de la incapacidad de siquiera imaginar opciones fuera de ese marco. De acuerdo con el Grupo ETC:

> Geoingeniería es la intervención intencional en gran escala en los océanos, los suelos y/o la atmósfera de la Tierra, con el fin de combatir el cambio climático. La geoingeniería puede referirse a una amplia gama de esquemas, entre los que se incluyen el lanzamiento de partículas de sulfatos a la estratosfera para reflejar los rayos solares; el vertimiento de partículas de hierro en los océanos para nutrir al plancton que absorbe el CO_2; el disparo de yoduro de plata a las nubes para producir lluvia; la ingeniería genética de los cultivos para que su follaje refleje mejor la luz del sol, entre otras.

> También es obvio que los protagonistas del sector privado que querrán encabezar la geoingeniería serán probablemente las mismas empresas de las ramas energética, química, silvícola y de los agronegocios que cargan con la responsabilidad de haber creado el actual predicamento climático en el que nos encontramos, es decir, los mismos que nos condujeron a este caos.
>
> Elegir la geoingeniería como una de las soluciones al caos climático atenta directamente contra el principio de precaución. Aún los posibles inversionistas reconocen que no sabemos lo suficiente sobre los sistemas terrestres como para arriesgarnos a la aplicación intencional de la geoingeniería o incluso a experimentar con ella en el mundo real.
>
> [...] La geoingeniería emplea nuevas tecnologías para intentar rectificar los problemas creados por el uso de viejas tecnologías: un clásico remiendo tecnológico (Grupo ETC 2010).

Una vez instalados algunos de esos complejos sistemas tecnológicos globales, tendrían que ser permanentemente monitoreados y mantenidos, ya que se trata de regímenes tecnológicos artificiales sin capacidad de auto-regulación. Ello requeriría controles tecnocráticos centralizados, negadores de toda posibilidad de opciones sobre el futuro del planeta debatidas y decididas democráticamente. Todo esto se acerca en forma escalofriante a las distopías del autoritarismo ambiental.

Estos delirios tecnológicos tienen otra consecuencia. Sobre la base de una confianza ciega en que se dispondrá a corto plazo de las soluciones tecnológicas requeridas para limitar y contrarrestar los daños que se le hacen al planeta, se puede seguir posponiendo la toma de medidas con relación a las causas estructurales de la crisis planetaria. Sin regulaciones internacionales de ningún tipo, y dejando a un lado el *principio de precaución*, se están llevando a cabo centenares de experimentos y proyectos de geoingeniería en todo el planeta. De acuerdo con el seguimiento sistemático que han venido realizando el Grupo ETC y la Fundación Heinrich Böll, entre el año 2012 y el presente se pasó de 300 a 800 actividades relacionadas con la geoingeniería, registro que se reconoce como necesariamente parcial. Esto incluye proyectos de captura de carbono, gestión de la radiación solar, alteración del clima (*weather*) y otras aproximaciones. Esta información ha sido sistematizada en un mapa interactivo de estas actividades en todo el mundo.[8]

Orientados por una racionalidad instrumental desbordada, desprendida de toda consideración ética, estos aprendices de brujo están jugando con el futuro de la vida. Dada la extraordinaria potencia de los instrumentos tecnológicos con los cuales se cuenta, se hace cada vez más urgente incorporar a la acción humana la advertencia formulada por el filósofo alemán Hans Jonas (1984), hace décadas, sobre la creciente responsabilidad ética de los humanos en la era tecnológica en vista de que "la capacidad tecnológica humana para producir cambios en la naturaleza siempre será mayor que la capacidad científica para prever los efectos de estas alteraciones".

¿Antropoceno o la era de la plutocracia? Las profundas desigualdades en la distribución de la riqueza y el poder político, comunicacional y militar que caracteriza al actual mundo post democrático

No sería explicable que la humanidad continuase avanzando en un aparente sonambulismo en la dirección de las devastaciones ambientales que han sido previstas, divulgadas y experimentadas por centenares de millones de personas, si no viviésemos en una sociedad capitalista, postdemocrática, caracterizada por unos niveles de concentración de la riqueza como nunca antes en la historia de la humanidad. Una muy pequeña proporción de la humanidad tiene hoy la capacidad de orientar las principales decisiones sobre el presente y el futuro del planeta a

8 Este mapa puede consultarse en [https://map.geocngineeringmonitor.org/]

partir de sus concepciones del mundo y de sus intereses económicos y políticos de corto plazo. En palabras de Silvia Ribeiro:

> Los problemas ambientales son graves, con fuertes y desiguales impactos sociales y el cambio climático es uno de los principales. Pero no son causados por toda "la humanidad". Más que la era del Antropoceno, como algunos la llaman, vivimos la era de la plutocracia, donde todo se define para que los muy pocos ricos y poderosos del mundo puedan mantener y aumentar sus ganancias, a costa de todo y todos los demás. Esta absurda injusticia social, económica, ambiental, política, requiere de muchas armas para mantenerse y una de ellas es la guerra conceptual. Inventar conceptos que oculten las causas y características de la realidad, que desvíen la atención de la necesidad de cambios reales y profundos y mejor aún, que sirvan para hacer nuevos negocios a partir de las crisis (Ribeiro 2016).

Estas profundas y crecientes desigualdades se dan entre continentes, entre países y al interior de los países, entre hombres y mujeres y entre diferentes grupos humanos que han sido jerarquizados por el dispositivo político/epistemológico de la racialización de todas las poblaciones del planeta a lo largo de la experiencia de la modernidad colonial.[9] A pesar de que medida en términos de ingreso monetario la pobreza global ha bajado en las últimas décadas, simultáneamente las desigualdades se han acrecentado.

Oxfam es la organización internacional de activismo social que en forma más sistemática se ha dedicado al estudio y denuncia de las crecientes desigualdades que caracterizan a las sociedades contemporáneas. De acuerdo con el informe sobre las desigualdades globales correspondiente al año 2018, 42 personas poseen la misma riqueza que los 3.700 millones de personas con menos riqueza y el 1% más rico continúa

---

9 Sobre la "raza" como dispositivo político epistemológico de clasificación jerárquica de los diferentes pueblos en el sistema mundo colonial moderno, ver: Quijano (2000) y Quijano (1992).

poseyendo más riqueza que el resto de la humanidad (Oxfam International 2018).

Según Credit Suisse, América del Norte, con aproximadamente 6% de la población global del planeta, concentra más de 36% de la riqueza total, mientras que India, con aproximadamente 16% de la población mundial, posee cerca de 3% de ésta, y África con 13% de la población total sólo cuenta con menos del 2%. Mientras 36 millones de personas, 0,7% de la población mundial, posee el 45,5% de la riqueza global, 3.474 millones de personas, 70,1% de la población total, sólo posee el 2,7% de la riqueza global. Esta riqueza está, a su vez, altamente concentrada geográficamente. Los Estados Unidos tienen 43% del total de los millonarios del planeta. De acuerdo con Credit Suisse, 51% de las personas poseedoras de más de 50 millones de dólares, un total de 75.000, son residentes en los Estados Unidos (Credit Suisse Research Institute 2017).

El *World Inequality Report 2018* informa que, durante las décadas de la post guerra, las desigualdades tendieron a reducirse en todo el mundo pero que, a partir de 1980, se ha producido un incremento sostenido de las desigualdades dándose una tendencia hacia un patrón de alta desigualdad, aún en países como Rusia y China, que hace cuatro décadas tenían niveles de desigualdad significativamente menores. Entre 1980 y 2016, el 50% de menores ingresos percibió el 13% del crecimiento total, mientras que el 1% de mayores ingresos percibió el 27% del crecimiento total. Entre los años 1980 y 2016, en los Estados Unidos, la participación del 1% más rico de la población en el ingreso total pasó de 10% a 20%, mientras que la participación del 50% con menores ingresos se redujo de más de 20% a 13%. De acuerdo con dicho informe, la relación entre la riqueza pública y privada es un "determinante crucial" del nivel de desigualdad de los países. Desde 1980, en prácticamente todos los países, se ha reducido la proporción de la riqueza en manos del sector público mientras ha aumentado la que ha pasado a ser propiedad privada. En el caso de China, el peso del capital público en el conjunto de la economía se redujo a la mitad entre esos años, mientras que en los Estados Unidos y el Reino Unido, la riqueza neta pública (activos públicos menos deuda pública), se ha vuelto negativa (Alvaredo, Chancel, Piketty, Saez y Zuman 2018).

¿Quién decide sobre el futuro del planeta?

Además de las consecuencias evidentes en los niveles de exclusión y carencias que se dan como resultado de esta apropiación tan brutalmente desigual de los *bienes comunes*, desde el punto de vista del funcionamiento de los sistemas políticos y los procesos de toma de decisiones sobre la crisis climática, son extraordinarios los impactos del fortalecimiento global del poder económico, y por ende político, de esta pequeña minoría de los súper ricos, la llamada clase de Davos. [10]

A pesar de los desplazamientos ocurridos como consecuencia del surgimiento de nuevos sectores económicos y sus correspondientes grandes corporaciones como Apple, Samsung, Microsoft, Facebook y Google, las corporaciones del campo de los hidrocarburos y la industria automotriz ExxonMobil, Petrochina, Shell, Chevron, Sinopec, BP, Total, Toyota, Wolkswagen, General Motors y Ford, siguen figurando entre las corporaciones más grandes del mundo, y con ello continúan con una extraordinaria capacidad de incidencia política. Esta capacidad de incidencia sobre la agenda pública y las decisiones gubernamentales es particularmente notoria en el caso de los Estados Unidos, donde ha conducido a políticas públicas que, lejos de frenar la devastación ambiental, la están acelerando.

Desde que la crisis ambiental se convirtió en un importante foco de atención de la opinión pública mundial, y comenzaron a realizarse negociaciones internacionales, y se fueron haciendo más fuertes las exigencias de regulaciones nacionales y acuerdos internacionales para limitar el cambio climático, se encendieron señales de alarma en los gru-

---

[10] Esta parte del texto se basa extensamente en el trabajo: "Renovado asalto a las condiciones de reproducción de la vida. Política energética y cambio climático en la era de Trump", presentado en el encuentro *Horizontes en disputa: Modernidad capitalista, nuevas derechas posdemocráticas y alternativas desde los márgenes,* Grupo de Trabajo Permanente del Alternativas al Desarrollo. Oficina Regional Andina de la Fundación Rosa Luxemburg con sede en Quito. El encuentro fue realizado en Playas del 25 a 29 de mayo, 2018. Ese texto será publicado en un libro que recoge las presentaciones de dicho evento.

pos corporativos de la industria de hidrocarburos, como la Exxon, y se fue desplegando un amplio y muy bien financiado esfuerzo por impedir políticas que pudiesen limitar sus márgenes de ganancia. Utilizando los mismos argumentos que venía usando la industria del tabaco para negar sus efectos negativos sobre la salud, a pesar de que sus propias investigaciones demostraban en forma contundente lo contrario, las grandes empresas de hidrocarburos llevaron a cabo una multimillonaria campaña destinada a negar la relación entre las emisiones de gases de efecto invernadero y el cambio climático, o a señalar que los impactos negativos del cambio climático estaban siendo exagerados irresponsablemente (Fahey 2012).

La Exxon tuvo una participación activa en la más importante coalición de organizaciones empresariales que, en el ámbito internacional, buscó incidir sobre los debates del cambio climático, negando su existencia y oponiéndose a toda regulación destinada a reducir la emisión de gases de efecto invernadero. Esta Coalición de Clima Global (*Global Climate Coalition*) estuvo activa entre los años 1989 y 2001 (*Wikipedia* 2018).

Entre las instituciones de la derecha que continúan desempeñando hasta el presente un papel activo en la producción de materiales y la divulgación de posturas negadoras del cambio climático está el Heartland Institute cuya misión declarada es la de "descubrir, desarrollar y promover soluciones de libre mercado a los problemas sociales y económicos" (The Heartland Institute, s/f). Además de reuniones públicas muy bien financiadas con una amplia divulgación en los medios, su *Science and Environmental Policy Project* produce materiales mediante los cuales buscan demostrar "científicamente" la falsedad del calentamiento global. Una de las áreas a las cuales este instituto le ha dedicado mayores esfuerzos es al impulso de lo que denominan el Grupo No gubernamental de Cambio Climático. Es éste definido como un grupo internacional de académicos y científicos internacionales totalmente independientes de los gobiernos y de toda presión e influencia política. De acuerdo con el Heartland Institute, éste se diferencia del IPCC en que ése si está patrocinado por los gobiernos, y está políticamente motivado y predispuesto a creer que el cambio climático es un problema que requiere una solución por parte de las Naciones Unidas (The Nongovernmental Panel on Climate Change 2017). Su crítica a lo que considera que son las distorsiones de los informes del IPCC está sintetizada en publicaciones como *Nature, Not Human Activities, Rules the Climate*, y *Climate Change Reconsidered II. Biological Impacts* (Singer 2008; Idso y otros 2014).

Más allá de este tipo de intervenciones sobre aspectos específicos del debate climático, o en los referidos a la regulación ambiental, ante una creciente preocupación por lo que veían en el horizonte como un peligro no sólo para sus intereses económicos, sino igualmente para el futuro del capitalismo, en los Estados Unidos algunos sectores empresariales conservadores han desarrollado, desde hace décadas, una estrategia multidimensional, de largo plazo, destinada no sólo a incidir sobre los procesos de toma de decisiones gubernamentales y sobre el contenido de los medios de comunicación y, en términos aún más ambiciosos, llevar a cabo una guerra cultural destinada a alterar los sentidos comunes compartidos en la sociedad. Se trata propiamente de lo que puede denominarse como una estrategia dirigida a la creación de una nueva hegemonía en el sentido gramsciano, de contenido "libertario", esto es, de exigencia de un Estado mínimo y de preeminencia plena de las relaciones mercantiles en el conjunto de la sociedad. Los esfuerzos más sistemáticos, mejor financiados y, sin duda, más exitosos en esta dirección han estado dirigidos por los hermanos Charles G. y David Koch. Cuentan para ello entre ambos con unas de las mayores fortunas del mundo, estimada en más de cien mil millones de dólares, basada en una amplia gama de actividades económicas de las cuales las más importantes están asociadas a los combustibles fósiles (International Forum on Globalization s/f). Han dedicado centenares de millones de dólares durante décadas a financiar universidades, centros de investigación, programas de becas, *think tanks* "libertarios" y de derecha como el Instituto Cato y la Heritage Foundation y medios de comunicación. Han apoyado y fomentado grupos diversos en todo el país en temas tales como la lucha por la prohibición del aborto, la enseñanza de la evolución en la escuela como una teoría más al mismo nivel del denominado *creacionismo*, en contra de la intervención/regulación gubernamental en todos los ámbitos de la vida colectiva, en oposición a la expansión del sistema público de salud y en defensa de la libertad religiosa. Han financiado igualmente en forma muy amplia campañas electorales de candidatos y candidatas en todos los niveles de la estructura del Estado que estuviesen dispuestos a defender sus intereses y su ideología de libre mercado.

Estos sistemáticos y sostenidos esfuerzos comienzan a dar frutos en la arena política nacional con la emergencia del movimiento conocido como el Tea Party, en los márgenes y al interior del Partido Republicano. Este movimiento que se presenta como una espontánea rebelión populista de base en contra de las élites del país y en contra de la injerencia de Washington en la vida colectiva, contó desde el principio con apoyo político y muy generosas contribuciones a través de Americans for Prosperity, la principal organización de activismo político de los Koch y de otras de la amplia gama de organizaciones que operan los Koch solos o con sus aliados empresariales. De acuerdo con un intenso activismo de base en las elecciones primarias del Partido Republicano en el año 2010, y apelando a posturas denominadas "libertarias", anti-élite y anti-Estado en todo el país, la llamada revolución del Tea Party condujo a significativos desplazamientos hacia la derecha en el Partido Republicano.

Uno de los argumentos que ha sido utilizado en forma más eficiente en esta batalla es la afirmación de que las políticas de protección ambiental constituyen una expansión de la intervención del Estado, esto es, una injerencia inaceptable en el ejercicio de la libertad de los individuos y las empresas, amenazando los valores individualistas fundamentales de la sociedad estadounidense. Para confrontar las regulaciones ambientales, que usualmente implican costos adicionales para las actividades económicas contaminantes, se ha desarrollado el lenguaje de los "impuestos ambientales". Promovida por la organización The Tea Party Group Americans for Prosperity, se ha llevado a cabo una fuerte campaña para que "cada funcionario electo", en cada nivel de gobierno de Estados Unidos, firme una declaración en la cual se comprometa a no apoyar ninguna iniciativa de protección ambiental que implique un incremento de impuestos o de ingresos gubernamentales. De los 85 nuevos representantes republicanos en la Cámara de Representantes electos en el año 2010, 76 habían firmado este juramento como candidatos, 57 de ellos recibieron apoyo financiero de las organizaciones Koch para su campaña electoral.

Todo esto ocurre en el contexto de un extraordinario incremento en el papel del dinero en el sistema político de Estados Unidos. En ese país, donde el poder del dinero ha operado históricamente en una forma descarnada, en el año 2010 la Corte Suprema adoptó una decisión que incrementa extraordinariamente el poder de las corporaciones sobre todo el sistema político.[11] A partir del insólito supuesto de que las corporaciones tienen los mismos derechos que las personas, esta Corte revirtió restricciones que tenían más de un siglo, así como doctrinas constitucionales que habían sido reafirmadas por diferentes decisiones de la Corte y del Congreso a través del tiempo. Dictaminó que establecer limitaciones al gasto de las corporaciones y los sindicatos en los procesos electorales constituía una violación constitucional de la libertad de expresión, tal como está dispuesto en la primera Enmienda Constitucional. Dados los exorbitantes costos de las campañas electorales en los Estados Unidos, esta decisión fortaleció aún más el poder de los grupos de influencia para comprar decisiones legislativas y ejecutivas que favorezcan sus intereses. La disposición fue celebrada por la derecha estadounidense como la restauración de los principios básicos de la república, al tiempo que ha sido calificada como un severo ataque a la democracia por sectores políticos liberales y de izquierda.[12]

Estos antecedentes preparan el terreno para las agresivas políticas de promoción de los combustibles fósiles y de desmontaje de las regulaciones ambientales por parte de la administración Trump. En su campaña electoral, Trump denunció reiteradamente al entramado jurídico institucional de protección ambiental que se había creado en ese país

11 Es este el caso conocido como Citizens United vs. Federal Election Commission. Ver: Liptak 2010.

12 Para un análisis de las enormes consecuencias antidemocráticas de esta decisión, ver: Public Citizen (2011).

durante el medio siglo anterior, y ofreció comenzar a desmontarlo tan pronto llegase a la presidencia.

Desde los primeros días de su gobierno, Trump buscó diferenciarse lo más radicalmente posible de las políticas ambientales impulsadas por el gobierno de Obama en el ámbito energético y ambiental. El control republicano de ambas cámaras del Congreso le otorgó un extraordinario margen de libertad para avanzar en esta agenda. En el primer día de su presidencia, la página web de la Casa Blanca anunció que el *Plan de Acción Ambiental* de Obama sería eliminado (Temple 2017). Poco después de su inauguración firmó una *Orden Ejecutiva para Promover la Independencia Energética y el Crecimiento Económico.* (The White House 2017 a), en la cual se define como de "interés nacional la promoción y desarrollo limpio y seguro de los vastos recursos energéticos de la Nación, y al mismo tiempo evitar las cargas regulatorias que en forma innecesaria obstaculizan la producción de energía, limitan el desarrollo económico e impiden la creación de empleo [...] el desarrollo prudente de estos recursos naturales es esencial para asegurar la seguridad geopolítica de la nación". Se le da instrucciones a todos los departamentos gubernamentales del Ejecutivo para que revisaran a muy corto plazo todas las regulaciones que potencialmente puedan limitar la producción de energía con el fin de "suspender, revisar o rescindir" estas regulaciones. Igualmente se revoca una amplia gama de acciones regulatorias presidenciales referidas a asuntos energéticos y climáticos.

En todos los ministerios y demás instituciones gubernamentales que tienen alguna relación con temas energéticos y ambientales nombró como responsables a quienes compartían esta agenda de acelerada desregulación y apoyo a la industria fósil.

En el mes de junio de 2017, a los seis meses del inicio de su presidencia, Trump realiza el lanzamiento del componente energético de su estrategia global denominada "América Primero" (*America First*). Ante una significativa representación de la industria energética, Trump presenta su plan energético, denominado "Desatando la Energía Americana" (*Unleashing American Energy*). En esta presentación, Trump detalla sus concepciones sobre las relaciones entre energía y ambiente y anuncia lo que serán sus principales políticas en el ámbito energético para lograr no sólo la independencia energética, sino igualmente el *dominio energético* de Estados Unidos. Vale la pena citarlo en detalle:

> Nuestro país está bendecido con una extraordinaria abundancia de energía, que no conocíamos, incluso hace cinco años y, desde luego, hace diez años. Tenemos cerca de 100 años de gas natural y más de 250 años de carbón limpio y hermoso. Somos un importante productor de petróleo y el productor número uno de gas natural. Tenemos mucho más de lo que pensábamos posible. Estamos realmente en el asiento del conductor. ¿Y saben qué? No queremos permitir que otros países se lleven nuestra soberanía y nos digan qué hacer y cómo hacerlo. Eso no va a suceder. (Aplausos). Con estos recursos increíbles, mi administración buscará no sólo la independencia energética estadounidense que hemos estado buscando durante tanto tiempo, sino también el dominio energético estadounidense.
>
> Esta vasta riqueza energética no pertenece al gobierno. Pertenece a la gente de Estados Unidos de América. (Aplausos). Sin embargo, durante los últimos ocho años, el gobierno federal impuso barreras masivas para matar el trabajo y al desarrollo de la energía estadounidense.
>
> Estoy reduciendo drásticamente las restricciones al desarrollo de gas natural. Cancelé la moratoria sobre la autorización para la explotación del carbón en tierras federales. Ustedes saben lo que estaba sucediendo: las nuevas autorizaciones a la explotación del carbón en tierras federales, estaban siendo terriblemente restringidas. [...]
>
> Finalmente hemos terminado la guerra contra el carbón.
>
> Estamos terminando con las regulaciones intrusivas de la EPA que matan empleos, hieren a los agricultores familiares y ganaderos, y elevan el precio de la energía de manera tan rápida y sustancial.
>
> Para proteger los empleos, las empresas y los trabajadores estadounidenses, hemos retirado a Estados Unidos del Acuerdo Climático de París. (Aplausos).
>
> Hoy, estoy orgullosamente anunciando seis nuevas iniciativas para impulsar esta nueva era de dominio de la energía estadounidense. [...]

La era dorada de la energía estadounidense ya está en marcha. Y daré un paso más: la era dorada de América ya está en marcha. Créanme. (Aplausos.) (Trump 2017).

Este lenguaje y estas prioridades con relación al cambio climático y a la política energética se expresan en toda su radicalidad en el primer documento sobre seguridad nacional del gobierno de Trump correspondiente al año 2017. El concepto de cambio climático no aparece mencionado ni una vez en este documento de 68 páginas, y la expansión de la producción energética y el crecimiento económico adquieren plena prioridad sobre la protección ambiental. El concepto de *seguridad energética* es sustituido en lo fundamental por el de *dominio energético*:

> Por primera vez en generaciones, Estados Unidos será una nación dominante en el terreno energético. La posición central de Estados Unidos en el sistema energético global como líder en producción, consumo e innovación asegura que los mercados sean libres y que la infraestructura de EE. UU. sea resistente y segura. Se asegura que el acceso a la energía sea diversificado y reconoce la importancia de la administración ambiental.
>
> Las políticas climáticas seguirán dando forma al sistema de energía global. El liderazgo de los EE. UU. es indispensable para contrarrestar una agenda de energía anti-crecimiento que es perjudicial para intereses económicos y de seguridad energética de EE. UU. (The White House 2017 b).

Para lograr estos objetivos, el documento afirma que es necesario enfrentar dicha agenda anti-crecimiento y lograr una reducción de las emisiones de gases de efecto invernadero, no por la vía de onerosas regulaciones, sino mediante innovaciones tecnológicas.

Como señala Michael Klare, "[...] la expansión de la industria fósil y sus exportaciones han sido transformadas en un componente principal de la política externa y de seguridad nacional de Estados Unidos" (2018).

No se trata sólo de declaraciones políticas y de documentos doctrinarios. En los dos primeros años del gobierno de Trump se produjo y se sigue produciendo una muy amplia gama de decisiones en un vasto espectro de ámbitos energéticos y ambientales derivados de estas orientaciones doctrinarias.

No es posible presentar un listado exhaustivo de las políticas y modificaciones regulatorias del gobierno de Trump. La lista es muy extensa, y a ésta se le agregan cada semana nuevas decisiones. Basándose en el seguimiento de las decisiones ambientales que realizan en forma sistemática dos equipos en la Universidad de Harvard y en la Universidad de Columbia, reporteros del *New York Times* habían identificado 57 reglas ambientales que habían sido anuladas, o estaban en proceso de serlo hasta finales de enero 2018 (Popovich, Albeck-Ripka y Pierre-Louis 2018).

La implementación de las políticas energéticas y ambientales del gobierno de Trump tendrá extraordinarios impactos no sólo para Estados Unidos, sino para la vida en el planeta. Al "desatar" la producción energética incluso de las fuentes más contaminantes como el carbón y el *fracking* y retirar a Estados Unidos del Acuerdo de París con el fin de lograr el dominio energético global, el gobierno del país más poderoso del planeta está socavando la viabilidad de los modestos acuerdos de limitación de emisión de gases de efecto invernadero que se habían acordado en las negociaciones multilaterales. Estas políticas están reduciendo aún más las posibilidades de que pueda impedirse que la temperatura atmosférica supere en más de dos grados al promedio existente antes del inicio de la Revolución Industrial, umbral más allá del cual, como se ha señalado arriba, se estima que podrían producirse transformaciones ambientales planetarias de carácter tanto catastróficas como irreversibles.[13]

---

[13] En el mes de noviembre de 2018 se dio a conocer el Cuarto Informe Nacional Climático, estudio que, por mandato del Congreso, producen conjuntamente las principales instituciones federales que tienen alguna competencia en asuntos ligados al ambiente (U. S. Global Change Research Program 2018). Este informe confirma una vez más la severidad de las amenazas ambientales que confronta el planeta. Sin embargo, Trump sigue insistiendo una y otra vez que no cree en los informes científicos en torno al cambio climático.

Estados Unidos no está solo en esta apuesta por un crecimiento sin límite de la energía fósil. En la COP 24 realizada en Polonia en diciembre de 2018, fue acompañado en esta postura por las delegaciones de los otros dos principales productores de petróleo Arabia Saudita y Rusia, e igualmente por Kuwait (Hanley 2018).

Las políticas de Trump ya han tenido un impacto significativo en el incremento del financiamiento bancario global a la explotación de los combustibles fósiles más contaminantes. De acuerdo con el informe de *Rainforest Action Network* sobre la relación entre el sistema financiero global y la industria fósil del año 2018 (2018),[14] el financiamiento bancario global para la explotación de combustibles fósiles extremos (carbón, arenas bituminosas, explotación en el Ártico y a ultra profundidades en el mar, y gas natural licuado), que había bajado después del acuerdo de París, volvió a subir durante el primer año del gobierno de Trump. El financiamiento de las arenas bituminosas creció en un 11% entre los años 2016 y 2017.[15] Después del acuerdo de París, el financiamiento de la minería del carbón se mantuvo estable, pero fuera de China, se duplicó en el año 2017. Tanto los bancos estadounidenses como los europeos aumentaron notoriamente el financiamiento de la minería del carbón entre los años 2016 y 2017 (Rainforest Action Network 2018).

En las ambiciones de Trump de recuperar la plena hegemonía de Estados Unidos en el sistema mundo contemporáneo, los riesgos extremos que para la vida tienen las políticas energéticas y ambientales

---

14 Este informe, que realiza un muy detallado registro de la participación de los principales bancos del mundo en energía fósil, cuenta con el respaldo de numerosas organizaciones de diferentes partes del mundo involucradas en luchas de protección ambiental entre las cuales están: 350.org, Christian Aid, Foundation for GAIA, Friends of the Earth Scotland, Friends of the Earth U.S., Greenpeace Japan, Greenpeace USA, Indigenous Climate Action y Philipines Movement for Climate Justice.

15 La explotación de las arenas bituminosas de Alberta, ubicadas lejos de las costas, es altamente dependiente de la construcción de oleoductos para transportar el crudo a las refinerías y mercados de consumo en Estados Unidos. La construcción del principal de estos oleoductos, el polémico Keystone XL, que había generado amplias resistencias tanto locales como a escala nacional, se encontraba bloqueada al final del gobierno de Obama y fue autorizada por Trump en marzo 2017 (Nuncombe 2017).

de dicho gobierno están siendo complementadas por el carácter crecientemente agresivo de la política externa y un extraordinario incremento en el presupuesto militar hasta elevarlo a 700 mil millones de dólares (Superville 2018).

El Partido Republicano y el gobierno de Trump representan hoy una peligrosa radicalización de cada una de las dimensiones negativas principales de la civilización en crisis: antropocentrismo, progreso, desarrollo, patriarcado, racismo, xenofobia, homofobia, militarismo[...]

Tiene razón Noam Chomsky cuando afirma que el Partido Republicano, que ahora está conducido sin mayor resistencia por Donald Trump, se ha convertido en la "más peligrosa organización de la historia humana", y que el mundo nunca ha visto una organización tan profundamente dedicada a la destrucción del planeta Tierra (Oppenheim 2017).

El año 2018 fue particularmente crítico desde el punto de vista de la crisis ambiental planetaria. Los múltiples informes científicos que fueron dados a conocer a lo largo del año, sólo algunos de los cuales han sido citados en este texto, presentan diagnósticos cada vez más alarmantes sobre la situación del planeta. El IPCC presentó el informe que le había sido solicitado por la COP 23 realizada en París sobre las implicaciones que tendría una elevación de la temperatura de 1.5 grados centígrados. El informe fue aprobado por todos los gobiernos, incluso los Estados Unidos, en Incheon, Corea del Sur, en octubre 2018. De acuerdo con este informe, basado en dos años de análisis de 6 000 trabajos científicos, un incremento de la temperatura de 1,5 grados, que durante las negociaciones del Acuerdo de París en el 2015 había sido asumido como relativamente seguro, presenta en realidad severos riesgos. Concluyen que se requieren cambios sin precedentes a corto plazo y que se está lejos de tomar las medidas que son indispensables. Afirman que sería necesario reducir las emisiones de gases de efecto invernadero en un 45% respecto a los niveles del año 2010 para el año 2030, dentro de doce años, y llegar a emisiones netas cero para el año 2050, si se desea evitar una catástrofe climática global incluyendo la destrucción total de los arrecifes coralinos, la desaparición del hielo del Ártico y la destrucción de las comunidades que viven en islas en diferentes partes del planeta (Intergovernmental Panel on Climate Change 2018).

Y, sin embargo, al margen de estos debates, las emisiones de gases de efecto invernadero continúan creciendo, estimándose un incremento global de 2% en el año 2018 (Global Carbon Budget 2018). Los años 2015, 2016, 2017 y 2018 han sido los cuatro más calurosos de los cuales se tenga registro.

Ante este escenario, algunos súper ricos, que se han construido búnkeres para sobrevivir a la catástrofe que asumen como inevitable, se preocupan sobre cómo mantener la obediencia de sus empleados y guardias armados cuando, con el colapso, el dinero pierda su eficacia como incentivo (Zibechi 2018; Rushkoff 2018).

Los gobiernos progresistas latinoamericanos ante la crisis civilizatoria

La reflexión sobre las experiencias de los tres gobiernos denominados "progresistas" de Bolivia, Ecuador y Venezuela, se realiza en este texto a partir de los retos que para cualquier proyecto de transformación societal origina la crisis civilizatoria que hoy enfrenta la humanidad. La pregunta que se formula es acotada: *¿cómo han respondido estos procesos de transformación a los complejos y multidimensionales retos que nos plantea esta crisis civilizatoria cuando lo que está en juego es la sobrevivencia misma de la humanidad y la vida?* No es ésta una interrogante arbitraria, por lo menos por dos razones. En primer lugar, porque lo que pudo considerarse como "revolucionario" o transformador en otro momento histórico, puede dejar de serlo en el mundo contemporáneo. La evaluación de la profundidad de un proceso de transformación social no puede, por lo tanto, basarse en criterios abstractos, universales, ahistóricos, sino que depende de las estructuras de poder, de las relaciones con el resto de la llamada "naturaleza", de las modalidades productivas y de las prácticas e imaginarios culturales que caracterizan el patrón de dominación histórico que se enfrenta. Como se argumentó antes, es éste hoy el patrón de poder clasista, antropocéntrico, patriarcal, racista, colonial y monocultural que ha conducido a la humanidad a la actual crisis civilizatoria. En segundo lugar, esta aproximación está justificada por el hecho de que, en una importante medida, la superación de estas múltiples dimensiones del patrón de poder hegemónico del sistema mundo capitalista está, por lo menos parcialmente, presente entre los principales objetivos enunciados en los documentos fundantes de estos procesos de cambio, en sus ricos debates constitucionales y en el contenido final de las nuevas constituciones de estos tres países.

En consecuencia, sin desconocer la importancia de otros asuntos esenciales, la mirada no se centrará en una evaluación de la gestión de estos gobiernos desde el punto de vista del impacto de sus políticas sociales destinadas a mejorar las condiciones de vida de la población, o de sus implicaciones en el ámbito geopolítico. El énfasis está puesto en aquellas dimensiones que tienen que ver directamente con la forma en que estos procesos políticos dan cuenta de, y responden a, los retos principales de la crisis civilizatoria que hoy vive la humanidad. Esto no se hace desde la expectativa de soluciones mágicas que pudiesen alterar a corto plazo los rasgos civilizatorios y patrones de poder dominantes, pero sí interrogándose sobre la medida en que estos proyectos apuntaron en dirección de confrontar y cuestionar dichos patrones, hoy hegemónicos, en transición hacia salidas a la actual crisis civilizatoria.

Mientras en la mayor parte del mundo se vivían derrotas de la izquierda, el profundo desencanto con la idea de socialismo que para muchos produjo la caída del Muro de Berlín, el colapso del bloque soviético, el fin de la Historia, la hegemonía económica, cultural y militar de los Estados Unidos, el anuncio del Nuevo Siglo Americano[...] América Latina aparece como el *continente de la esperanza* en la forma de los gobiernos denominados progresistas.

¿Cuáles eran los horizontes históricos de las transformaciones propuestas, las orientaciones estratégicas principales, los imaginarios de cambio presentes en estos nuevos gobiernos progresistas y en las fuerzas sociales que representaron sus bases de apoyo político/social? Los denominados procesos "progresistas" no se caracterizan de modo alguno por contenidos político ideológicos y/o programáticos unitarios.

De acuerdo con Raúl Zibechi (2010), en América Latina "la realidad político-social no [estaba] configurada por un solo escenario sino por tres": la lucha por la superación de la dominación estadounidense, por la superación del capitalismo y por la superación del desarrollo. Esto es, la presencia simultánea de tendencias y direccionalidades antiimperialistas, anticapitalistas y la búsqueda de alternativas al desarrollo. Tendría sentido agregar a éstos, por lo menos, otros dos horizontes. El primero sería el de proyectos nacional populares, que le dan prioridad a la industrialización, democratización, inclusión y redistribución, lo que podría caracterizarse como las tareas pendientes del imaginario —todavía presente en estas sociedades— de la construcción de Estados nacionales democráticos de bienestar social, con mayores o menores contenidos populistas. Y, en segundo lugar, el horizonte de la modernización del Estado.

No se trata de alternativas históricas excluyentes ni fácilmente complementarias, sino de tendencias y opciones que se han entrelazado y confrontado complejamente en estos procesos políticos.

Como ha señalado Arturo Escobar (2007), las denominaciones utilizadas para referirse a estos procesos de cambio ilustran esta extraordinaria complejidad: "Socialismo del siglo XXI, plurinacionalidad, interculturalidad, democracia sustantiva, revolución ciudadana, desarrollo endógeno centrado en el buen vivir, autonomía cultural y territorial, proyectos decoloniales en dirección a sociedades postliberales[...]"

La simultaneidad de estos proyectos da origen a tensiones y confrontaciones en estos procesos de cambio, conformando diferentes ejes que articulan los conflictos de sus sociedades. Aun cuando estos diversos proyectos de cambio puedan estar simultáneamente presentes en los discursos públicos y aparecer de alguna manera articulados en las propuestas de los gobiernos de estos países, en diferentes momentos, uno u otro eje pueden adquirir particular relevancia o urgencia. Eso hace no sólo que ciertos procesos y confrontaciones de otras dimensiones se coloquen en un plano menor, sino que pueden perder visibilidad, ya sea en el debate público o en las prioridades gubernamentales.

Un eje fundamental de las luchas políticas de estos años se construyó en torno a los conflictos entre los procesos populares democráticos, por un lado, y sectores privilegiados nacionales e intereses transnacionales, por el otro. Estos conflictos se han planteado a propósito de asuntos tan claves como el control nacional de los bienes comunes que estaban en manos de transnacionales, o las pugnas por la distribución de la tierra y a propósito de la búsqueda de mayores niveles de equidad. Estas confrontaciones pueden ser entendidas en los códigos de las clásicas oposiciones entre izquierda y derecha, o de luchas nacional populares en contra de un orden social excluyente. Aparecieron estas agendas con frecuencia asociadas a horizontes socialistas.

Sin embargo, estas confrontaciones no dan cuenta sino de parte de las contradicciones básicas presentes. En los casos de Ecuador y Bolivia, además de estas luchas nacionales populares, han estado presentes otras lógicas político-civilizatorias que le dieron prioridad a la descolonización del Estado liberal monocultural, camino a la construcción de un nuevo Estado Plurinacional y patrones culturales del buen vivir o vivir bien basados en otras modalidades productivas, otros saberes, otras formas de autoridad, otras formas de relacionarse con el resto de las redes de la vida.

En la lógica nacional popular, y en los horizontes socialistas, tienen prioridad la soberanía nacional, la democratización y la redistribución de la riqueza. Esto ha estado asociado al desarrollo de un Estado más fuerte, soberano, con presencia en todo el territorio nacional, capaz de formular e implementar políticas públicas a favor de los sectores populares, incrementando el gasto social: educación, salud, empleo, seguridad social, lucha contra la pobreza y subsidios a las familias más necesitadas.

En la lógica de la descolonización tienen prioridad la plurinacionalidad, el derecho a las diferencias, la soberanía de los pueblos indígenas sobre sus propios territorios, la autonomía de pueblos, comunidades y movimientos, el pluralismo jurídico, el rechazo al desarrollismo/extractivismo, así como el reconocimiento de los derechos de la Madre Tierra. La lucha por la descolonización apunta hacia una profunda transformación civilizatoria que cuestiona no sólo al capitalismo, sino a los patrones productivos y de conocimiento de la cultura occidental dominante, lo que queda sintetizado en la noción del *buen vivir*.

Los procesos constituyentes

Esta co-presencia de diversos horizontes normativos referidos a la sociedad deseada encuentra su expresión en la existencia de importantes tensiones presentes en los propios textos constitucionales, tensiones que tienden en todos los casos a acentuarse con el tiempo en los años de los gobiernos progresistas.[16] Al lado de otras orientaciones también presentes (fortalecimiento del estadocentrismo, la meta de la modernización del Estado, los imaginarios del Estado de bienestar social...) hay tres ejes o dimensiones fundamentales contenidas con mayor o menor peso en estos textos constitucionales que, a la vez que abordan alternativas medulares a la modernidad colonial, anuncian la aspiración a rupturas profundas con la tradición del socialismo del siglo pasado. Son estos ejes novedosos y radicales los que definieron sus potencialidades fundacionales, rupturistas, con relación a las tradiciones políticas de la modernidad colonial en el continente. Es extraordinaria la centralidad de estos ejes en las constituciones de Ecuador y Bolivia, con menor peso en el caso de Venezuela.

Estos ejes, que representan otros horizontes utópicos, son los siguientes: en primer lugar, la *confrontación con el antropocentrismo* que se expresa en el reconocimiento de los derechos de la naturaleza, la defensa de la Madre Tierra. Esto muestra una extraordinaria ruptura ontológica y epistemológica con supuestos medulares de la modernidad colonial: la separación sujeto/objeto; la concepción de la naturaleza como objeto a ser apropiado, manipulado y utilizado por los seres humanos en función de su propio bienestar material. Ante la depredadora lógica antropocéntrica patriarcal del crecimiento sin fin, del desarrollo y del progreso y una concepción de la felicidad humana fundamentada en la acumulación de bienes materiales, se incorporan nociones de equilibrio y armonía con el resto de las redes de la vida. Estas cosmovisiones *otras* a la modernidad colonial, de pueblos indígenas, afrodescendientes y campesinos, si bien no caracterizan en forma coherente a estos textos constitucionales, en los casos de Ecuador y Bolivia sí les dan una potente impronta alternativa.

En segundo lugar, la postulación de *Estados plurinacionales* y la *interculturalidad.* Esto demanda la necesidad de una ruptura radical

---

16 Esta parte del texto se basa ampliamente en la presentación "América Latina. Retos ante la crisis civilizatoria después de los progresismos", realizada en un taller organizado por Médico Internacional, en Salvador de Bahía, marzo 2018, en el contexto del Foro Social Mundial.

con más de cinco siglos de autoritarismo del Estado monocultural tanto colonial como republicano. A diferencia del limitado multiculturalismo liberal, esto plantea un cuestionamiento o ruptura radical con dicho orden monocultural. La plurinacionalidad y la interculturalidad formulan horizontes transformadores que, si bien reconocen las fronteras geográficas actuales de los Estados nacionales, postulan la meta de construcción de Estados efectivamente plurales, no sólo con la presencia de lenguas diferentes, sino igualmente la pluralidad epistemológica, diferentes formas de propiedad, modalidades productivas, regímenes jurídicos y de autoridad pública diversos, como expresión de la extraordinaria heterogeneidad histórico-estructural de estas sociedades.

En tercer lugar, está la estipulación de otras modalidades de ejercicio de la democracia, más allá de los límites de una democracia liberal que se ha caracterizado históricamente en el continente por ser excluyente, racista, clasista y patriarcal. A diferencia de las experiencias del socialismo del siglo XX, se parte del reconocimiento implícito o explícito de que los derechos y libertades básicas que han sido posibles en la democracia liberal no han sido una dádiva de la burguesía, sino el resultado de luchas históricas que, durante siglos, llevaron a cabo los sectores subalternos por la ampliación de sus derechos. No se planteó, en consecuencia, la sustitución de esta "democracia de clase" por la democracia de otra clase, o democracia de la nomenclatura de las experiencias socialistas del siglo pasado, sino la profundización de la democracia mediante la incorporación de otras modalidades y otras tradiciones: *democracia participativa, democracia comunitaria, democracia plebiscitaria*. En los casos de Ecuador y Bolivia, esto implicó el reconocimiento de que la democracia liberal ha sido expresión de sólo una de las diversas tradiciones histórico/culturales existentes en esos países, del reconocimiento de que han existido y existen en la actualidad, en otras tradiciones culturales, otras modalidades de ejercicio de la autoridad pública y de la toma de decisiones.

Otro eje fundamental de los horizontes transformadores para ir más allá de la modernidad colonial, es el del enfrentamiento al patriarcado que, sin embargo, tiene una presencia limitada y ambigua en los discursos y en los textos fundacionales de estos procesos políticos.

Es enorme la distancia entre estos horizontes normativos de hace tres o cuatro lustros y la realidad de estos años de gobiernos progresistas. El espíritu de radicalidad de estos documentos capta, en su complejidad y tensiones, las luchas, el espíritu y los imaginarios transformadores que estuvieron presentes en los años en que se produjeron estos textos constituyentes. Para aproximase a lo ocurrido en estas experiencias, tiene sentido detenerse en el contenido de éstos.

La constitución venezolana de 1999 (Gaceta Oficial de la República de Venezuela 1999) establece en su preámbulo que:

> El pueblo de Venezuela, en ejercicio de sus poderes creadores e invocando la protección de Dios, el ejemplo histórico de nuestro Libertador Simón Bolívar y el heroísmo y sacrificio de nuestros antepasados aborígenes y de los precursores y forjadores de una patria libre y soberana; con el fin supremo de refundar la República para establecer una sociedad democrática, participativa y protagónica, multiétnica y pluricultural en un Estado de justicia, federal y descentralizado, que consolide los valores de la libertad, la independencia, la paz, la solidaridad, el bien común, la integridad territorial, la convivencia y el imperio de la ley para esta y las futuras generaciones; asegure el derecho a la vida, al trabajo, a la cultura, a la educación, a la justicia social y a la igualdad sin discriminación ni subordinación alguna; promueva la cooperación pacífica entre las naciones e impulse y consolide la integración latinoamericana de acuerdo con el principio de no intervención y autodeterminación de los pueblos, la garantía universal e indivisible de los derechos humanos, la democratización de la sociedad internacional, el desarme nuclear, el equilibrio ecológico y los bienes jurídicos ambientales como patrimonio común e irrenunciable de la humanidad.

En un país con una población indígena numéricamente más limitada que la de otros países del continente, se refuerza la caracterización de éste como multiétnico y pluricultural en el capítulo VIII dedicado en forma extensiva a los derechos de los pueblos indígenas:

Artículo 119. El Estado reconocerá la existencia de los pueblos y comunidades indígenas, su organización social, política y económica, sus culturas, usos y costumbres, idiomas y religiones, así como su hábitat y derechos originarios sobre las tierras que ancestral y tradicionalmente ocupan y que son necesarias para desarrollar y garantizar sus formas de vida. Corresponderá al Ejecutivo Nacional, con la participación de los pueblos indígenas, demarcar y garantizar el derecho a la propiedad colectiva de sus tierras, las cuales serán inalienables, imprescriptibles, inembargables e intransferibles de acuerdo con lo establecido en esta Constitución y la ley.

Para la demarcación de las tierras de los pueblos indígenas, la decimosegunda Disposición transitoria de dicha Constitución establece un lapso de dos años:

La protección del ambiente está establecida en los siguientes términos:

Artículo 127. Es un derecho y un deber de cada generación proteger y mantener el ambiente en beneficio de sí misma y del mundo futuro. Toda persona tiene derecho individual y colectivamente a disfrutar de una vida y de un ambiente seguro, sano y ecológicamente equilibrado. El Estado protegerá el ambiente, la diversidad biológica, los recursos genéticos, los procesos ecológicos, los parques nacionales y monumentos naturales y demás áreas de especial importancia ecológica. El genoma de los seres vivos no podrá ser patentado, y la ley que se refiera a los principios bioéticos regulará la materia.

Es una obligación fundamental del Estado, con la activa participación de la sociedad, garantizar que la población se desenvuelva en un ambiente libre de contaminación, en donde el aire, el agua, los suelos, las costas, el clima, la capa de ozono, las especies vivas, sean especialmente protegidos, de conformidad con la ley.

Artículo 129. Todas las actividades susceptibles de generar daños a los ecosistemas deben ser previamente acompañadas de estudios de impacto ambiental y sociocultural. El Estado impedirá la entrada al país de desechos tóxicos y peligrosos, así como la fabricación y uso de armas nucleares, químicas y biológicas. Una ley especial regulará el uso, manejo, transporte y almacenamiento de las sustancias tóxicas y peligrosas.

En los contratos que la República celebre con personas naturales o jurídicas, nacionales o extranjeras, o en los permisos que se otorguen, que afecten los recursos naturales, se considerará incluida aun cuando no estuviere expresa, la obligación de conservar el equilibrio ecológico, de permitir el acceso a la tecnología y la transferencia de la misma en condiciones mutuamente convenidas y de restablecer el ambiente a su estado natural si éste resultare alterado, en los términos que fije la ley.

La Constitución de Bolivia del año 2009 (República de Bolivia. Asamblea Constituyente 2009) define el carácter plurinacional y comunitario del país en los siguientes términos:

En tiempos inmemoriales se erigieron montañas, se desplazaron ríos, se formaron lagos. Nuestra amazonia, nuestro chaco, nuestro altiplano y nuestros llanos y valles se cubrieron de verdores y flores.

Poblamos esta sagrada Madre Tierra con rostros diferentes, y comprendimos desde entonces la pluralidad vigente de todas las cosas y nuestra diversidad como seres y culturas. Así conformamos nuestros pueblos, y jamás comprendimos el racismo hasta que lo sufrimos desde los funestos tiempos de la colonia.

El pueblo boliviano, de composición plural, desde la profundidad de la historia, inspirado en las luchas del pasado, en la sublevación indígena anticolonial, en la independencia, en las luchas populares de liberación, en las marchas indígenas, sociales y sindicales, en las guerras del agua y de octubre, en las luchas por la tierra y territorio, y con la memoria de nuestros mártires, construimos un nuevo Estado.

Un Estado basado en el respeto e igualdad entre todos, con principios de soberanía, dignidad, complementariedad, solidaridad, armonía y equidad en la distribución y redistribución del producto social, donde predomine la búsqueda del vivir bien; con respeto a la pluralidad económica, social, jurídica, política y cultural de los habitantes de esta tierra; en convivencia colectiva con acceso al agua, trabajo, educación, salud y vivienda para todos.

Dejamos en el pasado el Estado colonial, republicano y neoliberal. Asumimos el reto histórico de construir colectivamente el Estado Unitario Social de Derecho Plurinacional Comunitario, que integra y articula los propósitos de avanzar hacia una Bolivia democrática, productiva, portadora e inspiradora de la paz, comprometida con el desarrollo integral y con la libre determinación de los pueblos.

El carácter pluricultural se reafirma en el artículo 8 en los siguientes términos:

El Estado asume y promueve como principios ético-morales de la sociedad plural: ama qhilla, *ama llulla, ama suwa* (no seas flojo, no seas mentiroso ni seas ladrón), *suma qamaña* (vivir bien), *ñandereko* (vida armoniosa), *teko kavi* (vida buena), *ivi maraei* (tierra sin mal) y *qhapaj ñan* (camino o vida noble).

La *Ley de derechos de la Madre Tierra* del año 2010 "tiene por objeto reconocer los derechos de la Madre Tierra, así como las obligaciones y deberes del Estado Plurinacional y de la sociedad para garantizar el respeto de estos derechos". Se basa en los siguientes principios de obligatorio cumplimiento: armonía; bien colectivo; garantía de regeneración de la Madre Tierra, respeto y defensa de los Derechos de la Madre Tierra; no mercantilización; e Interculturalidad (Estado Plurinacional de Bolivia 2010).

El Preámbulo de la Constitución del Ecuador (República del Ecuador, Asamblea Constituyente 2008) establece que:

Nosotras y nosotros, el pueblo soberano del Ecuador, reconociendo nuestras raíces milenarias, forjadas por mujeres y hombres de distintos pueblos, celebrando a la naturaleza, la Pacha Mama, de la que somos parte y que es vital para nuestra existencia, invocando el nombre de Dios y reconociendo nuestras diversas formas de religiosidad y espiritualidad, apelando a la sabiduría de todas las culturas que nos enriquecen como sociedad,

Decidimos construir una nueva forma de convivencia ciudadana, en diversidad y armonía con la naturaleza, para alcanzar el buen vivir, el sumak kawsay.

El artículo 57 reconoce, entre otros, los siguientes derechos colectivos:

Mantener, desarrollar y fortalecer libremente su identidad, sentido de pertenencia, tradiciones ancestrales y formas de organización social.

Mantener la posesión de las tierras y territorios ancestrales y obtener su adjudicación gratuita.

Participar en el uso, usufructo, administración y conservación de los recursos naturales renovables que se hallen en sus tierras.

Consulta previa, libre e informada, dentro de un plazo razonable, sobre planes y programas de prospección, explotación y comercialización de recursos no renovables que se encuentren en sus tierras y que puedan afectarles ambiental o culturalmente.

Participar en los beneficios que esos proyectos reporten y recibir indemnizaciones por los perjuicios sociales, culturales y ambientales que les causen.

Conservar y promover sus prácticas de manejo de la biodiversidad y de su entorno natural.

Conservar y desarrollar sus propias formas de convivencia y organización social, y de generación y ejercicio de la autoridad, en sus territorios legalmente reconocidos y tierras comunitarias de posesión ancestral,

Crear, desarrollar, aplicar y practicar su derecho propio o consuetudinario[...]

No ser desplazados de sus tierras ancestrales.

Mantener, proteger y desarrollar los conocimientos colectivos; sus ciencias, tecnologías y saberes ancestrales; los recursos genéticos que contienen la diversidad biológica y la agrobiodiversidad; sus medicinas y prácticas de medicina tradicional, con inclusión del derecho a recuperar, promover y proteger los lugares rituales y sagrados, así como plantas, animales, minerales y ecosistemas dentro de sus territorios; y el conocimiento de los recursos y propiedades de la fauna y la flora... Se prohíbe toda forma de apropiación sobre sus conocimientos, innovaciones y prácticas.

Desarrollar, fortalecer y potenciar el sistema de educación intercultural bilingüe, con criterios de calidad, desde la estimulación temprana hasta el nivel superior, conforme a la diversidad cultural, para el cuidado y preservación de las identidades en consonancia con sus metodologías de enseñanza y aprendizaje.

Construir y mantener organizaciones que los representen, en el marco del respeto al pluralismo y a la diversidad cultural, política y organizativa. El Estado reconocerá y promoverá todas sus formas de expresión y organización.

Los territorios de los pueblos en aislamiento voluntario son de posesión ancestral irreductible e intangible, y en ellos estará vedada todo tipo de actividad extractiva. El Estado adoptará medidas para garantizar sus vidas, hacer respetar su autodeterminación y voluntad de permanecer en aislamiento, y precautelar la observancia de sus derechos. La violación de estos derechos constituirá delito de etnocidio, que será tipificado por la ley.

Los pueblos ancestrales, indígenas, afroecuatorianos y montubios podrán constituir circunscripciones territoriales para la preservación de su cultura... Se reconoce a las comunas que tienen propiedad colectiva de la tierra, como una forma ancestral de organización territorial.

Esta Constitución incorpora, por primera vez en la historia constitucional y en forma expresa, el reconocimiento de los Derechos de la Naturaleza, dedicándole el capítulo séptimo.

Art. 71.- La naturaleza o Pacha Mama, donde se reproduce y realiza la vida, tiene derecho a que se respete integralmente su existencia y el mantenimiento y regeneración de sus ciclos vitales, estructura, funciones y procesos evolutivos.

Toda persona, comunidad, pueblo o nacionalidad podrá exigir a la autoridad pública el cumplimiento de los derechos de la naturaleza. Para aplicar e interpretar estos derechos se observarán los principios establecidos en la Constitución, en lo que proceda.

El Estado incentivará a las personas naturales y jurídicas, y a los colectivos, para que protejan la naturaleza, y promoverá el respeto a todos los elementos que forman un ecosistema.

Dadas las profundas rupturas planteadas en estos textos, está claro que nunca pudieron ser pensados como el diseño jurídico formal de una nueva sociedad, sino como horizontes utópicos de otros futuros posibles, como agendas y plataformas políticas normativas desde las cuales enfrentar, en forma simultánea, los temas de alternativas al desarrollo, los límites del planeta, la imposibilidad de una lógica de crecimiento sin fin en un planeta limitado, la recuperación/construcción de múltiples alternativas culturales a la monocultura del capital, y la radicalización de la democracia más allá de los estrechos acotamientos históricos de la democracia liberal representativa. Contienen igualmente cuestionamientos fundamentales a los patrones de conocimiento eurocéntricos y coloniales hegemónicos, de carácter antropocéntrico y patriarcal. Estos contenidos son la expresión de la presencia protagónica de pueblos, sujetos, comunidades y organizaciones sociales, especialmente del mundo indígena, que hasta ese momento habían estado en lo fundamental marginadas de la política en estos países.

Para aproximarse a las experiencias que se dieron a partir de estos pisos constitucionales es importante comenzar por reconocer que estos textos de modo alguno expresaron una nueva hegemonía intercultural en estas sociedades. Son el resultado de una correlación de fuerzas en una coyuntura particular en que el orden imperante, en cada uno de estos países, se encontraba debilitado o deslegitimado.

Pasados tres o cuatro lustros, la mayor parte de las expectativas generadas por estos ricos horizontes normativos se han visto frustradas. Nadie pretendió que estas transformaciones fuesen fáciles, ni que estos objetivos extraordinariamente ambiciosos —un Estado plurinacional, derechos de la naturaleza— fuesen objetivos a alcanzar a corto plazo. De lo que se trataba era de iniciar una compleja transición en otras direcciones al rumbo suicida que han tomado los poderes hegemónicos que hoy conducen a la humanidad al precipicio. Sin embargo, esta izquierda en el gobierno no logró desprenderse de los imaginarios del desarrollo, del progreso, del crecimiento económico sin fin como los ejes fundamentales de la transformación social. Quizá nunca se lo plantearon, e incluso creyeron, más allá del ámbito discursivo.

Dada la profunda crisis ambiental que amenaza la vida en el planeta, todo proyecto transformador anticapitalista necesariamente tiene que tener como eje constitutivo el responder activamente a esa amenaza a la vida. Sin embargo, en ninguna de estas experiencias se dieron pasos significativos en dirección a una transición a otro modelo productivo compatible con la preservación de la vida. Se produjo en cada uno de los países una profundización de la inserción colonial, subordinada, en la división internacional del trabajo y de la naturaleza, aunque ello se diese con la reorientación parcial del destino de las exportaciones de viejos a nuevos imperios. Se produjo en cada uno de los casos una profundización de la primarización de las economías. El extractivismo se convirtió en la opción fundamental en cada caso. El modelo extractivo ha sido el eje básico de las políticas públicas, bloqueando la posibilidad de avanzar en la dirección de los objetivos transformadores que estaban enunciados en las constituciones y demás textos jurídicos referidos a otras modalidades no depredadoras de relación con la naturaleza, la plurinacionalidad y la profundización de la democracia. El extractivismo, como prioridad, obliga a abrir todos los territorios a su exploración/explotación, para una dinámica expansiva de acumulación por expropiación. Mediante sus masivas exportaciones de minerales, energéticos y productos agro-industriales, el continente, con predominio de gobiernos progresistas, lejos de colocar obstáculos para frenar o siquiera desacelerar la operación desbocada de la maquinaria devastadora del capital global, ha acentuado su activa contribución a ésta.

No es posible avanzar en la dirección de la superación del modelo autoritario del Estado monocultural liberal, incluyendo el reconocimiento de los derechos de los pueblos indígenas y su autonomía efectiva en sus propios territorios, si el eje principal de la política económica lo constituye la explotación de los denominados "recursos naturales" situados en estos territorios. El mejoramiento de las condiciones de vida de la mayor parte de la población que ocurrió en estos años tuvo un piso de una extraordinaria fragilidad. Estos gobiernos consideraron que era necesario aprovechar esta nueva condición, en que los precios de los bienes primarios que se exportaban crecían más aceleradamente que los de los bienes industriales que se importaban, para maximizar a corto plazo los ingresos fiscales. Convirtieron la ampliación de las exportaciones primarias en el eje principal de su política económica por lo menos para el corto y mediano plazo. Respondiendo a demandas de poblaciones cuyas condiciones de vida habían sido profundamente afectadas durante las décadas de neoliberalismo, y en búsqueda de legitimarse ante sus electores para darle continuidad a los procesos de cambio, se le dio prioridad a políticas a corto plazo de incremento del gasto público. Aprovechado el alza de la demanda y precio de los bienes primarios, el denominado *boom de los commodities*, y con un mayor control estatal de los beneficios de estas actividades tanto por la vía de la propiedad como de mayores tasas impositivas, se incrementó en forma notable el ingreso fiscal de los Estados con gobiernos progresistas. Se recuperó la presencia del Estado, aumentando el gasto social en forma sustantiva. Mejoró el acceso a la alimentación, a la educación, a servicios de salud, a la seguridad social. Disminuyeron las tasas de desempleo, y los niveles de pobreza y pobreza crítica y la desigualdad, medidos en términos de ingreso monetario. Se trata, sin lugar a dudas, de logros formidables después de las décadas de políticas neoliberales que habían empobrecido a la población, aumentando la exclusión de los sectores populares con lo cual se había incrementado la desigualdad en lo que ya era el continente más desigual del planeta.

Se trató de políticas distributivas sustentadas en unos ingresos extraordinarios basados en el alto precio de los *commodities* que la experiencia histórica permitía prever que no se sostendrían en el tiempo. En las tensiones entre la búsqueda de alternativas al desarrollo y políticas clientelares distributivas, prevaleció en forma consistente lo segundo. Estas políticas fueron durante unos años las bases fundamentales de la legitimidad de estos gobiernos en el mundo popular, particularmente urbano, pero a la vez una fuente principal de sus debilidades como proyectos trasformadores.

En el debate latinoamericano sobre el extractivismo han estado presentes diferencias fundamentales, no sólo sobre el carácter de la transición hacia una sociedad postcapitalista, sino igualmente en torno al tipo de sociedad postcapitalista que se postula. En estos debates han ocupado un lugar central, ya sea implícita o explícitamente, desacuerdos profundos sobre el *desarrollo*, y perspectivas *alternativas al desarrollo* o el *postdesarrollo*. El punto de vista crítico al neoextractivismo parte en general de una crítica al modelo civilizatorio hegemónico, el patrón civilizatorio de crecimiento sin fin y de sometimiento sostenido o guerra permanente contra el resto de la naturaleza. Esto incluye al capitalismo, pero, como lo demostró la experiencia histórica del socialismo del siglo XX, va más allá del capitalismo.[17] Quienes defienden el extractivismo, por el contrario, argumentan que sólo gracias a los recursos provistos por las actividades extractivas será posible superar al capitalismo. Asumen el extractivismo como una etapa de transición, etapa que permitiría tanto satisfacer las necesidades inmediatas de la población, como acumular el nivel de riqueza y las capacidades científico-intelectuales para plantearse, posteriormente, su superación. La defensa más sistemática del extractivismo en el debate latinoamericano de estos años la ha realizado el vicepresidente de Bolivia, Álvaro García Linera. Sus intervenciones reafirman la confianza en las virtudes del desarrollo, a partir de una radical inversión del sentido profundo de la noción del Vivir Bien.

---

17 De la abundante producción política y académica de crítica al extractivismo pueden citarse los siguientes: Gudynas (2015), Svampa y Viale (2014), Svampa (2017), Acosta (2009), Machado Aráoz (2013), Roa y Navas (coordinadores) (2014), Seoane, Taddei y Algranati (2013).

Los siguientes textos ilustran sus principales argumentos:

[…] en una primera etapa ¿acaso no es posible utilizar los recursos que brinda la actividad primaria exportadora controlada por el Estado para generar los excedentes que permitan satisfacer condiciones mínimas de vida de los bolivianos, y garantizar una educación intercultural y científica que genere una masa crítica intelectual capaz de asumir y conducir los emergentes procesos de industrialización y de economía del conocimiento? (García Linera 2013, 109).

¿Con qué superar al extractivismo? ¿Acaso dejando de producir, cerrando las minas de estaño, los pozos de gas, retrocediendo en la satisfacción de los medios materiales básicos de existencia, tal como lo sugieren sus críticos? ¿No es ésta más bien la ruta del incremento de la pobreza y el camino directo a la restauración de los neoliberales? El amarrar las manos al proceso revolucionario en aras del rechazo extractivista, ¿no es acaso lo que más desean las fuerzas conservadoras para asfixiarlo? (García Linera 2013, 110).

[…] los críticos irreflexivos a favor del no extractivismo [...] en su liturgia política mutilan a las fuerzas y a los gobiernos revolucionarios de los medios materiales para satisfacer las necesidades de la población, generar riqueza y distribuirla con justicia; y a partir de ello crear una nueva base material no extractivista que preserve y amplíe los beneficios de la población laboriosa. (García Linera 2013, 107-108)

Detrás del criticismo extractivista de reciente factura en contra de los gobiernos revolucionarios y progresistas, se halla pues la sombra de la restauración conservadora. (García Linera 2013, 110)

En eso consiste el Vivir Bien: en utilizar la ciencia, la tecnología y la industria para generar riqueza, de otra manera con qué se podrían construir carreteras, levantar postas sanitarias, escuelas, producir alimentos, satisfacer las necesidades básicas y crecientes de la sociedad. Pero a la vez necesitamos preservar la estructura fundamental de nuestro entorno natural para nosotros y las generaciones que vendrán, que tendrán en la naturaleza la realización de sus infinitas capacidades para satisfacer sus necesidades sociales. (García Linera 2013, 110)

A diferencia de la crítica al extractivismo en sus dimensiones civilizatorias de asalto a la Madre Tierra, considera que se trata de un "sistema técnico de procesamiento de la naturaleza" compatible con cualquier tipo de sociedad.

> [...] El extractivismo son] sistemas técnicos de procesamiento de la naturaleza mediante el trabajo, y pueden estar presentes en sociedades precapitalistas, capitalistas o sociedades comunitaristas.
>
> Los críticos del extractivismo confunden sistema técnico con modo de producción, y a partir de esa confusión asocian extractivismo con capitalismo; olvidando que existen sociedades no-extractivistas, las industriales, ¡plenamente capitalistas! Puede haber sociedades extractivistas capitalistas, no capitalistas, pre-capitalistas o post-capitalistas. Y de igual forma, puede haber sociedades no extractivistas capitalistas, no capitalistas o postcapitalistas (García Linera 2013, 107).

Parece estar fuera de toda consideración el hecho de que el modo de vida imperial de esas sociedades del Norte Global, supuestamente no extractivas, es sólo posible sobre la base de la apropiación de la riqueza producida por las prácticas extractivas del Sur Global.[18] El capitalismo es un sistema global, no un régimen nacional.

El modelo productivo extractivista no es una mera "relación técnica con la naturaleza", ni puede ser entendido como una etapa a ser superada posteriormente. Como señaló Fernando Coronil:

> El proceso de creación de valor supone al mismo tiempo la producción de objetos y la transformación de relaciones sociales[...] la producción abarca la producción de mercancías y también la formación de los agentes sociales involucrados en ese proceso y, por tanto, unifica en un solo campo de análisis los órdenes material y cultural en el seno

[18] Para una importante contribución conceptual a este debate, ver: Acosta y Brand 2017.

de los cuales los seres humanos se forman a sí mismos al tiempo que construyen su mundo (Coronil 2002, 46-47).

Como resulta evidente de la experiencia venezolana, el extractivismo rentista no sólo produce petróleo, conforma un modelo de organización de la sociedad, un tipo de Estado, un régimen político, unos patrones culturales y unas subjetividades e imaginarios colectivos. Éstos no pueden, de modo alguno, ser simplemente revertidos cuando en una etapa posterior de los procesos de cambio se decida que se ha llegado a las condiciones económicas que permitirían abandonar el extractivismo.

> [...] esas rentas contribuyen a establecer patrones similares de especialización interna y de dependencia externa que consolidan el papel de las naciones del Tercer Mundo, como lo que llamo sociedades exportadoras de naturaleza. Aun cuando estas naciones traten de romper su dependencia colonial de las exportaciones de productos primarios mediante la puesta en práctica de planes de desarrollo dirigidos a diversificar sus economías, por lo general se apoyan para hacerlo en la divisa obtenida mediante la exportación de productos primarios, con lo que intensifican su dependencia de los mismos. Paradójicamente, al tratar de aprovechar su ventaja comparativa, estas naciones exportadoras de naturaleza a menudo vuelven a asumir su papel colonial de fuentes de productos primarios, papel ahora reescrito en términos de la racionalidad neoliberal del capitalismo globalizante. Para ellas, al poscolonialismo sigue el neocolonialismo (Coronil 2002, 7).

El extractivismo se convirtió en una concepción compartida entre los países de UNASUR (Rodríguez Araque 2014) y el ALBA.

> Declaración del ALBA desde el Pacífico. XII Cumbre de Jefes de Estado y de Gobierno del ALBA-TCP. Guayaquil, 30 de julio de 2013
>
> Por otro lado, manifestamos el derecho y la necesidad que tienen nuestros países de aprovechar, de manera responsable y sustentable, sus recursos naturales no renovables, los cuales cuentan con el po-

tencial de ser utilizados como una importante fuente para financiar el desarrollo económico, la justicia social y, en definitiva, el bienestar de nuestros pueblos, teniendo claro que el principal imperativo social de nuestro tiempo –y de nuestra región– es combatir la pobreza y la miseria. En este sentido, rechazamos la posición extremista de determinados grupos que, bajo la consigna del anti-extractivismo, se oponen sistemáticamente a la explotación de nuestros recursos naturales, exigiendo que esto se pueda hacer solamente sobre la base del consentimiento previo de las personas y comunidades que viven cerca de esa fuente de riqueza. En la práctica, esto supondría la imposibilidad de aprovechar esta alternativa y, en última instancia, comprometería los éxitos alcanzados en materia social y económica (ALBA 2013).

Ecuador ¿Mineralo-Estado?

En el caso de Ecuador, las múltiples tensiones y confrontaciones de imaginarios de cambio quedaron expresamente manifiestas desde el propio inicio del proceso. El Plan Nacional de Desarrollo presentado por el gobierno en el año 2009, con el nombre de *Plan Nacional para el Buen Vivir 2009-2013* (República del Ecuador. Secretaría Nacional de Planificación y Desarrollo 2009), aborda la compleja y contradictoria tarea de diseñar, desde la gestión estatal centralizada, una transición hacia la sociedad del Buen Vivir. Al igual que en Bolivia, el plan se propone en su fase inicial profundizar el extractivismo como condición que permita producir riqueza y responder a las necesidades de la población. Se trata de "lineamientos de planificación de mediano y largo plazo, con un horizonte de 16 a 20 años". La primera fase, denominada "Acumulación para la transición y profundización de la distribución", es definida en términos de "acumulación, en el sentido de dependencia de los bienes primarios para sostener la economía[...]". El plan está atravesado por serias tensiones entre los objetivos del Buen Vivir, la plurinacionalidad y la interculturalidad, por un lado, y opciones modernizantes en las cuales las soluciones fundamentales para el país estarían dadas por la investigación y el desarrollo, por la innovación tecnológica y por la creación de nichos específicos como la biotecnología y nanotecnología, en los cuales Ecuador, gracias a su inmensa biodiversidad, podría tener ventajas comparativas.

Alberto Acosta (2009) ha argumentado y documentado que, como en casi todos los países cuya economía está centrada en la explotación/exportación de bienes primarios, la explotación petrolera en Ecuador ha producido extremas distorsiones económicas, severos impactos sociales y devastación ambiental, y no ha contribuido al bienestar de la población. Se suponía que la nueva constitución sería el punto de partida para una ruptura con dicho modelo extractivo. Sin embargo, no ha sido así.

El conflicto sobre la explotación de petróleo en el Parque Nacional-territorio indígena del Yasuní-ITT se convirtió en la expresión más emblemática de las visiones encontradas sobre la sociedad a la cual se aspira que han estado presentes en el Ecuador en los últimos años. La iniciativa Yasuní-ITT de dejar bajo el suelo el petróleo a cambio de financiamiento internacional parcial de los ingresos que hubiese obtenido el Estado ecuatoriano por su explotación, se había convertido en una referencia internacional como proyecto de colaboración y justicia socioambiental global, y contó con un extraordinario apoyo en la población del país (Martínez 2009). Este apoyo se expresó en un proceso masivo de recolección de firmas llevado a cabo por el colectivo Yasunidos para exigir la realización de un referéndum nacional para decidir si se debían explotar estas reservas de hidrocarburos. Como expresión de una clara opción por el extractivismo, el gobierno de Correa, a través de procedimientos calificados como manipulados, llevados a cabo por un Consejo Nacional Electoral supuestamente autónomo, invalidó suficientes firmas como para dictaminar que no se había recogido el mínimo exigido y decidió que no se realizaría el referéndum solicitado (Friends of the Earth International 2014). En diciembre del 2018, una comisión nombrada por el nuevo Consejo Nacional Electoral transitorio concluyó que se cometieron irregularidades y que los Yasunidos sí habían recogido las firmas requeridas para la realización de la consulta popular (*El Comercio 2018*).

Los impactos socioambientales de la producción petrolera en Ecuador han sido devastadores. En sus operaciones en la Amazonía ecuatoriana, la empresa estadounidense Chevron-Texaco, entre los años 1964 y 1990, produjo masivos niveles de contaminación/destrucción de aguas, tierras, vegetación con severos impactos sobre los habitantes de la zona. En su demanda, exigiendo compensación por los daños causados, el gobierno ecuatoriano afirma que la empresa aplicó deliberadamente técnicas obsoletas que ya no usaba en otras partes, con el fin de incrementar sus ganancias:

> En Ecuador, Chevron-Texaco produjo uno de los más graves crímenes ambientales de la historia. La transnacional petrolera es responsable del derrame de no menos de 15.8 mil millones (59.9 mil millones de litros) de residuos de petróleo y 28.5 millones de galones (108 millones de litros) de petróleo bruto en la Amazonía. Más de 2 millones de hectáreas de la Amazonía ecuatoriana fueron afectadas a lo largo de casi 30 años de contaminación a manos de una sola compañía, que actuó de manera impune violando los estándares mínimos de protección ambiental y que hoy se niega a reconocer: Texaco (hoy Chevron) (República del Ecuador, Ministerio de Relaciones Exteriores y Movilidad Humana 2015).

A pesar de estos antecedentes, y la carencia de condiciones para garantizar que éstos no se volverían a repetir, el gobierno de Correa optó por la apertura de nuevas zonas de la Amazonía a la explotación petrolera en áreas que se sobreponen con los territorios indígenas de los pueblos Shuar, Achuar, Kichwa, Shiwiar, Andoa, Waorani y Sápara, a pesar de la oposición de estos pueblos y sin la consulta previa, libre e informada a la cual está obligado el Estado ecuatoriano por normas tanto nacionales como internacionales (Salva la Selva 2013).

Con las relaciones profundamente asimétricas que se establecieron entre Ecuador y China durante el gobierno de Correa, se crearon nuevas formas de subordinación colonial que obligan al país a continuar por muchos años profundizando las actividades extractivas, ya que una elevada proporción de los masivos créditos otorgados por China al Ecuador tienen que ser pagados en petróleo. Algunos de estos créditos dirigidos a grandes obras de infraestructura, como las represas hidroeléctricas, además de hechos de corrupción, tuvieron como resultado construcciones técnicamente deficientes que carecían de adecuados estudios geológicos y de disponibilidad de agua a largo plazo. El caso más emblemático en este sentido es la represa Coca Codo Sinclair, la mayor obra de ingeniería en la historia del Ecuador, construida en las inmediaciones de un volcán activo: el Reventador (Pacheco 2018).

Ecuador es un país sin tradición minera. Sin embargo, debido a las limitaciones de las reservas de hidrocarburos existentes en el país y las profundas transformaciones que estaban operando en el mercado global de minerales, expresada en acelerados incrementos en la demanda y precios, así como en tecnologías más eficaces de identificación y extracción de depósitos de minerales de bajo tenor, anteriormente considerados como no rentables, sucesivos gobiernos, tanto en los tiempos neoliberales de las décadas anteriores, como el gobierno de Correa, llevaron a cabo reformas jurídicas e institucionales orientadas a atraer a empresas mineras transnacionales. Esto se dio en marcos constitucionales muy diferentes (Sacher 2017).

En coherencia con las orientaciones protectoras de la naturaleza que se debatían en su seno, la Asamblea Constituyente aprobó en el año 2008 un *Mandato Constituyente Minero* (República del Ecuador. Asamblea Constituyente 2009). Mediante éste, se estableció, entre otras cosas, una moratoria de seis meses sobre las actividades de exploración minera a gran escala, que la minería no podía afectar los nacimientos y fuentes de agua, se restringía esta actividad en áreas protegidas y prohibía el monopolio. En vista de que la mayoría de las concesiones mineras que se habían otorgado hasta ese momento carecían de proyectos de inversión, y que se habían convertido fundamentalmente en la base de actividades especulativas de compra/venta de esos derechos, se decidió igualmente la extinción de las concesiones que no hubiesen realizado estudios de impacto ambiental y procesos de consulta previa, o que no cumpliesen con la ley en materia de pago de impuestos y patentes.

Y, sin embargo, el año siguiente el gobierno de Correa aprobó una nueva *Ley de Minería* (República del Ecuador. Asamblea Nacional 2009), que, si bien era mucho más favorable desde el punto de vista fiscal y ambiental que la legislación de los tiempos neoliberales, no cumplía con aspectos importantes de las restricciones y regulaciones a la actividad minera contempladas en la *Constitución* y en el *Mandato Constitucional Minero*. Las relaciones entre la Confederación de Nacionalidades Indígenas del Ecuador (CONAIE) y el presidente Correa, que ya se habían agriado durante los debates de la Asamblea Constituyente por las posiciones enfrentadas en torno a la plurinacionalidad, a la cual Correa se oponía, llegaron a una ruptura con la aprobación de la *Ley de Aguas*, la *Ley Orgánica de Soberanía Alimentaria* y la *Ley de Minería*. Mediante esta última se autoriza la minería en gran escala en el país y se desconoce el derecho de los pueblos indígenas a ser consultados previamente sobre actividades mineras a ser realizadas en sus territorios (Resina de la Fuente 2012). La CONAIE introdujo una acción de inconstitucionalidad de dicha ley ante la Corte Constitucional, por considerar que violaba múltiples artículos de la Constitución, del Acuerdo 169 de la OIT, de la Convención Americana de Derechos Humanos y del Protocolo Adicional a la Convención de Derechos Humanos en materia de Derechos Económicos, Sociales y Culturales. Esta Corte decidió a favor de la CONAIE en lo referido a la consulta previa, pero ratificó la constitucionalidad del resto de la ley (República del Ecuador. La Corte Constitucional para el periodo de transición 2010).

Durante los años de gobierno de Correa, se fueron dando pasos sistemáticos en la dirección de convertir a Ecuador en un país minero. En junio del año 2013, la Asamblea Nacional aprobó un conjunto de modificaciones a la *Ley de Minería* en respuesta a exigencias formuladas por las empresas mineras (Sacher 2017, 192-193). En febrero del año 2015, se decreta la creación de un nuevo Ministerio de Minería (*El Telégrafo* 2015). En mayo del año 2016, "se procedió a la apertura del 'Catastro minero' para la nueva adjudicación de concesiones de áreas para efectuar exploración geológica y el desarrollo de nuevos proyectos mineros" (Acción Ecológica 2016a). De esta manera se va produciendo una expansión minera sin precedentes en el país. De acuerdo con William Sacher, si llegasen a autorizarse todas las solicitudes pendientes ante el Ministerio de Minería a mediados del año 2017, se llegaría a 3,688,000 hectáreas concesionadas, un 15% del territorio nacional. (Sacher 2017, 176) El gobierno ecuatoriano, tanto de Correa como de Lenin Moreno, fue asumiendo una postura cada vez más activa en la promoción de la actividad minera, incluyendo su participación en las reuniones anuales de la más importante asociación internacional de minería, la Prospectors and Developers Association of Canada. De acuerdo con el portal especializado en minería global, *MINING.com*, gracias a la modificación del marco jurídico regulatorio de la actividad minera, y una importante campaña de acercamiento a los inversionistas, en menos de un año se produjeron 420 solicitudes de concesiones mineras y se esperan nuevas inversiones mineras por un total de 4 mil millones de dólares ente los años 2017 y 2020 (Jamasmie 2017). Se avanza así en la dirección de lo que William Sacher ha denominado un *Mineralo-Estado*, "un Estado que pone una sección importante de su aparato entero al servicio de la promoción de la megaminería" (Sacher 2017, 311-314). Los mayores emprendimientos mineros en el país son por parte de empresas canadienses y chinas. De los cinco principales proyectos de megaminería vigentes en el año 2017 (tres de oro y dos de cobre), tres eran de capital chino, uno de Canadá y otro de una empresa canadiense y sueca (Sacher 2017, 395-396).[19]

Dados los devastadores impactos socioambientales que tiene la megaminería, ésta inevitablemente encuentra resistencia por parte de organizaciones ambientales, pero fundamentalmente por parte de las comunidades indígenas y campesinas amenazadas o afectadas. A las acciones de las organizaciones ambientales y de defensa de los derechos humanos se les ha respondido principalmente mediante la amenaza o realización de su clausura. El *Decreto 16* del 2013, y el Decreto 739 del 2015, establecen una regulación y supervisión muy detallada de cada ONG, sus fines, sus estatutos, sus mecanismos de funcionamiento interno, cada una de sus actividades, así como de su contabilidad. Se establecen diversas causales para la disolución, entre las que destaca: "Desviarse de los objetivos para los cuales fue constituida" y "Dedicarse a actividades de política partidista, reservada a los partidos y movimientos políticos inscritos

---

19 Para información adicional sobre la actividad minera en el Ecuador y sus conflictos, ver: Sacher y Acosta (2012) y Van Teijlingen y otros (2017).

en el Consejo Nacional Electoral, de injerencia en políticas públicas que atenten contra la seguridad interna o externa del Estado o, que afecten la paz pública" (Correa Delgado 2013).[20] Acusándolas de dedicarse a actividades políticas, el gobierno de Correa clausuró la Fundación Pachamama de larga trayectoria en defensa de las comunidades afectadas por la minería en la Amazonía, e intentó ilegalizar a la más importante organización ambiental del país: Acción Ecológica. Fue tal la reacción de rechazo tanto nacional como internacionalmente, que el gobierno tuvo que dejar sin efecto esa medida.

Contra las resistencias de las comunidades y organizaciones indígenas, las respuestas han sido más agresivas. Se han empleado dos vías para buscar desmovilizar a las comunidades. En primer lugar, tanto empresas como gobierno tratan de dividir a las comunidades con ofrecimientos de diverso tipo a algunos sectores o dirigentes de éstas. Ya tienen bastante experiencia en esto y con cierta frecuencia tienen éxito en sus objetivos. Pero si esto no ocurre, proceden a la criminalización de la protesta/resistencia, mediante la aplicación de alguna norma del *Código Orgánico Integral Penal.* (República del Ecuador, Ministerio de Justicia, Derechos Humanos y Cultos. Subsecretaría de Desarrollo Normativo 2014) La opción estratégica por el impulso de la gran minería metálica ha estado, inevitablemente, acompañada por la judicialización y la represión (Zorrilla 2017; Acción Ecológica 2016b y Espinosa Ortega 2016).

Rafael Correa sintetizó con claridad la incompatibilidad entre los principios constitucionales del *Sumak Kawsay*, la plurinacionalidad y los *derechos de la naturaleza* y su proyecto modernizador del Estado basado en el extractivismo en gran escala.

> Siempre dije que el mayor peligro para nuestro proyecto político, una vez derrotada en las urnas la derecha, era y es el izquierdismo, ecologismo e indigenismo infantil; qué lástima que no nos equivocamos en aquello (*El Universo* 2009).

---

20 Estos dos decretos fueron derogados por el presidente Lenin Moreno en octubre del año 2017.

Bolivia: del buen vivir al desarrollismo extractivista

Bolivia ha sido un país minero desde los tiempos iniciales de la colonia, a partir de la explotación de las minas de plata de Potosí, con todas las consecuencias sociales y ambientales, culturales y político institucionales que esa historia ha acarreado. La Constitución del año 2009 aparece como un potencial punto de ruptura de esa profunda herencia/herida colonial, ruptura orientada por las radicales nociones de plurinacionalidad, pluriculturalidad, autonomía político territorial de los pueblos indígenas, economía comunitaria y derechos de la naturaleza. Pero, ¿cómo se han procesado en estos años las profundas tensiones entre ese horizonte normativo propuesto en este texto constitucional y la clara opción desarrollista/extractivista defendida por García Linera en los textos que han sido citados? Además de la intensificación de la producción de hidrocarburos, que seguía siendo la principal fuente de divisas del país, la minería metálica se ha expandido extraordinariamente en los últimos años. Comenzando en las décadas neoliberales, pero acelerándose durante los años del gobierno de Evo Morales, en estos últimos lustros se han producido cambios profundos en la actividad minera en el país. Estas transformaciones se dan principalmente en la masiva ampliación de la escala de esta actividad, y su mayor cobertura territorial, en el peso relativo de los diferentes minerales extraídos, en las modalidades de la explotación minera y en los tipos de capitales participantes. De una explotación concentrada históricamente primero en plata y luego en estaño, se ha pasado al predominio del zinc, la plata, el plomo y el oro. Esto ha estado acompañado de una amplia expansión de la minería desde las zonas más tradicionales del altiplano, hacia las zonas bajas del oriente del país, especialmente en Santa Cruz, habiéndose otorgado derechos mineros en gran parte del territorio nacional. La minería a cielo abierto ha sido la forma de explotación predominante (Díaz Cuellar 2017). El valor total de la actividad minera en el país pasó de 1.151 millones de dólares en el año 2006 a 4.156 millones de dólares en 2012 (Díaz Cuellar 2017). El zinc pasó a ser el mineral más importante tanto en términos de volumen como de valor. Entre los años 2007 y 2016, su producción pasó de un valor de 673 millones de dólares a 1.010 millones de dólares" (Zaconeta Torrico 2017). Gracias, principalmente, a la expansión de la actividad minera y al *boom* de los *commodities*, entre los años 2006, primer año del gobierno de Evo Morales, y el año 2014, el valor de las exportaciones bolivianas se incrementó en más de 300%, al pasar de 4.088 millones de dólares a 12.899 millones. A partir de ese último año, con el fin del ciclo de altos precios de los bienes primarios, el valor total de las exportaciones comenzó a descender para llegar a 7.846 millones de dólares en el año 2017, en que el país, después de varios años de saldos positivos, tuvo por tercer año consecutivo un déficit en su balanza comercial. En ese año, por segundo año consecutivo, el valor total de las exportaciones de minerales superó a las de los hidrocarburos (Instituto Boliviano de Comercio Exterior 2018).

Esta expansión minera la celebra García Linera en los siguientes términos:

> Hoy exportamos tres veces más en volúmenes que el año 2005 y esto nos habla ya de un país minero. Bolivia vive de su gas, pero también de la minería y estamos orgullosos de ello.[21]

A pesar del reiterado discurso nacionalista/antiimperialista del gobierno, este aumento se debió principalmente a tres minas controladas por empresas transnacionales: San Cristóbal, San Bartolomé y San Vicente. Entre los años 2006 y 2012, cuatro empresas transnacionales fueron responsables de 52% de las exportaciones mineras del país (Díaz Cuellar 2017, 46). Han sido años de grandes ganancias para las transnacionales mineras. El Estado, por su parte, sólo controla una proporción minoritaria de la producción minera y ha tenido una limitada participación en los ingresos de esta actividad. La presión fiscal promedio durante los años 2004-2014 fue de sólo 8.1% del valor bruto de las exportaciones (Díaz Cuellar 2017, 57). Como "la gran mayoría del valor y el volumen de la

[21] García Linera (2012). Citado por Díaz Cuellar (2017, 42).

producción minera del país se compone de zinc, plata y plomo que no son refinados en el país" (Díaz Cuellar 2017, 60), se le ha dado continuidad al histórico modelo colonial en que los impactos sociales y los pasivos ambientales de la minería ocurren en el territorio boliviano mientras la mayor parte de los beneficios lo realizan las transnacionales en el exterior.[22]

Los impactos socioambientales de esta minería a cielo abierto son severos y generalmente irreversibles, comenzando por el desplazamiento de poblaciones y la destrucción de sus condiciones de reproducción cultural y, con ello, la negación de formas de vida alternas a la de la lógica del crecimiento de la economía mercantil y el imaginario del progreso. En las condiciones actuales de la minería global, en que ha pasado a ser rentable para las empresas la explotación de reservas con muy bajo tenor, se hace necesario remover grandes cantidades de material por cada unidad de mineral extraído, afectando amplias extensiones territoriales. Se remueve la capa vegetal, con frecuencia boscosa o en laderas de montañas, se afectan y contaminan aguas subterráneas y superficiales. Se utilizan masivas cantidades de químicos tóxicos, como mercurio y cianuro, que afectan tanto las aguas como las tierras cultivables y a las poblaciones circundantes y la fauna (Tejada Soruco 2011).

En esta acelerada expansión de la frontera minera, el derecho a la consulta previa, libre e informada, ha sido sistemáticamente vulnerado (Bascopé Sanjinés 2017). Como ha sido el caso en el resto de América Latina, esta ampliación de la actividad minera hacia territorios indígenas y campesinos ha generado múltiples procesos de resistencia, a los cuales el gobierno del MAS, con frecuencia, ha respondido con la criminalización de la protesta y la represión (Madrid Lara 2013; Territorios en Resistencia 2014). De acuerdo con el Observatorio de

22 Internamente, unos de los principales beneficiarios de las políticas mineras y de la legislación tributaria del gobierno del MAS, han sido las nuevas élites de origen popular que controlan las denominadas cooperativas mineras (Díaz Cuellar 2017, 62). Estas cooperativas se han convertido en uno de los principales grupos de presión capaces de incidir sobre las políticas públicas, y en una importante base de apoyo al gobierno del MAS.

Conflictos Mineros en América Latina (OCMAL), Bolivia, si bien tiene "un grado medio-bajo de violencia", es uno de los países de América Latina con un "alto grado de criminalización" a la resistencia a la minería (OCMAL. Observatorio de Conflictos Mineros en América Latina 2017; Gárate 2016).

Como en los otros países del continente, lejos del logro de los objetivos de la transformación productiva y de una economía plural, no centrada en actividades extractivas, con la bonaza del *boom* de los *commodities* se consolidó el modelo primario exportador y se bloqueó la búsqueda de otras opciones.

La carretera del TIPNIS

Los conflictos en torno a la carretera a través del Territorio Indígena y Parque Nacional Isiboro Sécure-TIPNIS, se convirtieron en el caso paradigmático de las tensiones existentes entre las orientaciones desarrollistas/extractivistas que han predominado en el gobierno del MAS, y las concepciones del buen vivir establecidas en la Constitución. Este conflicto, de alguna manera, sintetiza las pugnas entre los modelos de sociedad que han atravesado al proceso boliviano en estos años.

El Parque Nacional del Isiboro Sécure fue creado en el año 1965. Desde hace décadas ha sido una zona de continuos conflictos entre los pueblos indígenas habitantes de ese territorio y diferentes amenazas externas. En oposición a la llegada de colonos a sus territorios y a la apertura de la zona a la actividad maderera, se produjo en el año 1990 la primera marcha indígena hasta La Paz en defensa de sus territorios. Era de esperarse que con los derechos tanto ambientales como territoriales de los pueblos indígenas establecidos en la nueva constitución, la preservación de este parque nacional estaría garantizada. Sin embargo, el gobierno de Evo Morales retomó un proyecto del IIRSA de construcción de una carretera a través de éste, y con financiamiento del Banco Nacional de Desarrollo Económico y Social de Brasil (BNDES) firmó un contrato con la constructora brasileña OAS para la realización de la obra, a pesar de la firme oposición de sus habitantes.

Los pueblos indígenas defensores del Tipnis desarrollan múltiples movilizaciones y demás formas de resistencia a la carretera. Entre agosto y septiembre del 2011, los indígenas defensores del Tipnis realizaron una marcha de 600 kilómetros hasta La Paz, misma que fue recibida con apoyo popular tanto en su trayectoria como en su llegada a la capital, pero que fue bloqueada y reprimida en forma reiterada por los cuerpos de seguridad del Estado. Después de haber sido reprimidos (*SERVINDI 2011*), acusados de ser agentes del gobierno de los Estados Unidos y de estar financiados por ONG internacionales, el gobierno de Evo Morales finalmente cede y se aprueba la *Ley 180* en la cual, basándose en la Constitución Política del Estado, "se ratifica al Territorio Indígena y Parque Nacional Isiboro Sécure-TIPNIS como territorio indígena de los pueblos Chimán, Yuracaré y Mojeño-trinitario, de carácter indivisible, imprescriptible, inembargable, inalienable e irreversible y como área protegida de interés nacional." Se declara este territorio como "zona intangible", y dispone "que la carretera Villa Tunari-San Ignacio de Moxos, como cualquier otra, no atravesará el Territorio Indígena y Parque Nacional Isiboro Sécure-TIPNIS" (Estado Plurinacional de Bolivia. La Asamblea Legislativa Plurinacional 2011) A los pocos meses el gobierno anunció la rescisión del contrato con la empresa OAS.

Después de realizar (y ganar) en el año 2012 una consulta entre los habitantes de la zona, considerada como ilegítima por la composición de los participantes y la manipulación y la coerción que lo acompañaron (*Somos Sur* 2016), el gobierno dejó pasar unos años antes de retomar la construcción de la carretera. En el año 2017, cuando consideró que había logrado desarticular y debilitar la resistencia, mediante la *Ley 969* deroga la *Ley 180* y con ello la intangibilidad de dicho territorio. A pesar de que el texto está lleno de necesarias referencias a la "armonía con la Madre Tierra"; la "pluriculturalidad"; la "consulta previa, libre e informada" y la "promoción, protección y conservación del patrimonio cultural", el objetivo de esta nueva ley está claramente orientado al "desarrollo integral y sustentable"; al "aprovechamiento de los recursos naturales renovables y el desarrollo de actividades productivas" (con la participación de capital privado); y "la apertura de caminos vecinales, carreteras, sistemas de navegación fluvial, aérea y otras" (Estado Plurinacional de Bolivia. La Asamblea Legislativa Plurinacional 2017). De esta manera se coloca el tema de la carretera nuevamente en el debate político nacional (Salva la Selva 2017).

Han estado en juego en estas pugnas dos visiones de la vida. Para los pueblos indígenas habitantes del Parque Nacional se trata del derecho a preservar y decidir sobre sus propios modos de vida, la defensa de sus territorios ancestrales, la protección de los bosques y las aguas, de los derechos de la naturaleza, todo lo cual estaría amenazado por una carretera que cortaría en dos el territorio, y que aceleraría la entrada de colonos cocaleros, de madereros y la prospección/explotación de hidrocarburos. Para el gobierno se trata de continuar con su opción básica de crecimiento económico basado en el extractivismo y en las obras de infraestructura que superen los obstáculos para una mayor integración física del país. La prospección/explotación de hidrocarburos ha estado severamente limitada por la inaccesibilidad de esos territorios. Ya hay tres bloques licitados para estas actividades que cubren 35% del territorio del Parque Nacional (Fundación Solón 2018). Para los colonos cocaleros se trata de una nueva frontera agrícola donde expandir su producción. Casi todas las familias que viven en el polígono 7, al sur del Tipnis, viven del cultivo de coca (Fundación Solón 2018).

Las diferentes políticas que ha implementado el gobierno en el desarrollo de este conflicto ilustran con claridad las consecuencias de su opción por el desarrollismo extractivista. Al darle prioridad a la construcción de la carretera, a pesar de la oposición de los habitantes del Territorio Indígena y Parque Nacional Isiboro Sécure-TIPNIS, ha aplicado en forma sistemática su política de dividir a los movimientos, comunidades y sus liderazgos, así como la creación de estructuras paralelas que pueda controlar (Prada Alcoreza 2018). Se han utilizado los medios públicos para buscar desprestigiar a quienes se oponen a sus políticas. Simultáneamente se han reprimido las resistencias y militarizado los territorios. En relación con sus bases de apoyo, se le ha otorgado clara prioridad a los intereses de los cultivadores de la coca excedentaria incorporada a la economía política de la cocaína, a los transportistas y los participantes en la industria maderera, sobre los intereses de los pueblos indígenas originarios de las tierras bajas. Como ha argumentado Raúl Prada Alcoreza,

> La singularidad de estas figuras conquistadoras y colonizadoras no es sólo que lo hacen como proyecto de "desarrollo", sino que lo hacen a nombre del "antiimperialismo" y, lo más incongruente, a nombre de la "descolonización" (2018).

Las iniciativas en tres ámbitos energéticos ilustran la medida en que en las políticas del gobierno del MAS, no se asume el desarrollismo extractivista como una fase transitoria hacia otro modelo de organización de la producción, sino como una opción estratégica coherente. Una definida opción que como se ha señalado anteriormente, se distancia radicalmente de los horizontes de futuro de los movimientos que llevaron al MAS inicialmente al gobierno, tal como éstos quedaron plasmados en el texto constitucional.

En primer lugar, está el programa nuclear. En su mensaje de rendición de cuentas del año 2012 ante la Asamblea Legislativa Plurinacional, Evo Morales afirmó que el desarrollo pacífico de la energía atómica se había convertido en una "prioridad estratégica" del Estado boliviano (*Somos Sur* 2014), como parte de la aspiración de convertir a Bolivia en "el centro energético de Sudamérica". Este programa, que ha sido cuestionado por los riesgos que implica, se ha manejado con muy poca transparencia y las informaciones que han sido dadas a conocer por el gobierno han sido cambiantes y con frecuencia contradictorias. Éstas mencionan, desde un pequeño reactor para fines médicos y de investigación, a una planta nuclear para la generación de electricidad. En segundo lugar, la construcción de grandes represas hidroeléctricas. Las represas del Chepete y El Bala han sido cuestionadas tanto por los severos impactos humanos y ambientales que éstas tendrían (Fundación Solón 2017a),[23] como por la enorme carga de deuda externa que

---

23 Los impactos socioambientales de las mega represas han sido abordados en la primera parte de este trabajo.

éstas representarían para el país. Las dos represas, pensadas para la exportación de electricidad, tendrían un costo total de 8.063 millones de dólares y no cuentan con un mercado asegurado. Se ha estimado que los costos de generación de un megavatio hora (MWh) son bastante superiores a los precios promedios a los que Bolivia le ha vendido electricidad a Brasil durante la última década (Fundación Solón 2017b). En tercer lugar, después de haber sistemáticamente denunciado durante los primeros años de su gobierno a los agrocombustibles como una amenaza a la seguridad alimentaria (SERVINDI 2018), en septiembre del año 2018 el gobierno aprobó la llamada *Ley de Etanol y de Aditivos de Origen Vegetal 1098* que autoriza la producción de etanol a partir de la caña de azúcar y el biodiésel a partir de soya y otras oleaginosas (*El Deber* 2018). Bolivia llega con retardo a estas iniciativas que en muchas partes del mundo están siendo cuestionadas tanto por la resistencia de comunidades afectadas, como por un mayor conocimiento científico sobre sus severos impactos ambientales.

Resulta un tanto paradójico que todo esto lo realice un gobierno que, en años anteriores, jugó un papel tan destacado en las negociaciones internacionales contra el cambio climático. Fue el país convocante y sede de la Conferencia Mundial de los Pueblos sobre el Cambio Climático y los Derechos de la Madre Tierra (Cumbre de Tiquipaya) realizada en Cochabamba en el año 2010, en la cual organizaciones indígenas, ambientalistas, académicas y populares de diferentes partes del mundo construyeron conjuntamente una plataforma de los pueblos en lucha contra el cambio climático. Es el gobierno del país que, a pesar de todas las presiones, se quedó sólo en oposición al acuerdo final de la Conferencia de Naciones Unidas sobre Cambio Climático 2010 (COP 16) celebrada en Cancún, por considerar que no se tomaban decisiones suficientemente contundentes ante la gravedad del cambio climático. Fue dicho país el principal promotor de la resolución 64/292 del 28 de julio de 2010 mediante la cual la Asamblea de las Naciones Unidas reconoció explícitamente el derecho humano al agua y al saneamiento (Naciones Unidas, Departamento de Asuntos Económicos y Sociales 2014).

Venezuela: el paroxismo del extractivismo

El caso extremo de opción por el extractivismo como modelo de desarrollo es el caso venezolano. Durante el gobierno bolivariano, a pesar de referencias discursivas a la necesidad de alternativas al rentismo petrolero, se produjo una sistemática profundización de la dependencia del petróleo y de la lógica rentista y su correspondiente devastación socio-ambiental. Debido no sólo a variaciones en el precio del crudo, el peso del petróleo, como proporción del valor total de las exportaciones venezolanas, pasó de alrededor de 63% en el año 1998, a 96% al final de la vida de Chávez (Banco Central de Venezuela 2018).

A partir de la cuantificación de las reservas de petróleos pesados y extra pesados de la Faja Petrolífera del Orinoco, renacieron los imaginarios de la abundancia de décadas anteriores. En los años setenta, en otro ciclo de abundancia debido a los altos precios del petróleo, durante el primer gobierno de Carlos Andrés Pérez, se consolidó el sentido común de que Venezuela era un país rico. El discurso oficial de aquellos años lo denominaba la *Gran Venezuela*, el discurso popular se refería a la *Venezuela Saudita*.

Con respecto al cambio climático y las responsabilidades del país con las mayores reservas de petróleo del planeta, la distancia entre el discurso y las políticas realmente llevadas a cabo no podrían, ser mayores. En las negociaciones de la Convención de las Naciones Unidas sobre Cambio Climático, los representantes de Venezuela presentaron discursos radicales responsabilizando al capitalismo, y a los países industrializados del Norte, por los altos niveles de consumo de combustibles fósiles que amenazan la vida en el planeta. Sin embargo, la política del gobierno ha sido maximizar la extracción de petróleo. El ejemplo más claro de esta profunda contradicción se encuentra en el llamado *Plan de la Patria*, el último programa de gobierno presentado por Chávez para las elecciones presidenciales de 2012. Este programa, aprobado posteriormente por la Asamblea Nacional como el plan de desarrollo del país, está organizado en torno a cinco objetivos principales. El objetivo número cinco es preservar la vida en el planeta y salvar a la especie humana. Sin embargo, el objetivo número tres es consolidar el papel de Venezuela como *Potencia Energética Mundial.* Con ese fin, de acuerdo con este plan, la producción de petróleo debía duplicarse de tres millones a seis millones de barriles por día entre 2013 y 2019. Afortunadamente para el planeta, estos esfuerzos fracasaron estrepitosamente. Como consecuencia del colapso de la industria petrolera, la producción de petróleo a finales del año 2018 había descendido a menos de un millón doscientos mil de barriles diarios (OPEC 2018). El *Plan de la Patria* define sin ambigüedad el carácter extractivista/rentista de lo que se entiende como una política petrolera revolucionaria:

> [...] nuestra política petrolera debe ser revolucionaria, lo cual tiene que ver con quién captura la renta petrolera, el cómo se capta y cómo se distribuye. No cabe duda que debe ser el Estado quien controle y capture la renta petrolera, con base en mecanismos que maximicen su valor, para distribuirla en beneficio del pueblo, procurando el desarrollo social integral del país, en condiciones más justas y equitativas. Este es el elemento que nos diferencia de cualquier otra política petrolera (Chávez 2012).

Ante el deterioro sostenido de los ingresos petroleros a partir del año 2014, el gobierno venezolano, en lugar de buscar opciones alternativas a la lógica rentista primario exportadora que tanto daño le ha causado al país, optó en términos estratégicos por una profundización de ésta, ahora mediante la minería en gran escala.[24] Con este fin, dentro de la política de creación de zonas económicas especiales en las cuales se flexibilizan las normas laborales, ambientales y referidas a los pueblos indígenas, para atraer al capital transnacional, en febrero del año 2016, el presidente Maduro dictó el Decreto del Arco Minero del Orinoco mediante el cual se abren 112 mil kilómetros cuadrados, 12% del territorio nacional, una superficie equivalente a la totalidad del territorio cubano, a la gran minería

24 Esta sección referida al Arco Minero del Orinoco hace uso libre de los pronunciamientos que sobre este tema ha hecho la Plataforma Ciudadana en Defensa de la Constitución. Caracas, Venezuela, 2016-2017.

internacional. Se trata de una vasta zona rica en minerales, entre otros, oro, coltán, aluminio, diamantes, y minerales radiactivos. El mineral a explotar en el cual el gobierno ha hecho más énfasis ha sido el oro. De acuerdo con Eulogio del Pino, para ese momento ministro de Petróleo y Minería y presidente de PDVSA, se estimaba que las reservas auríferas de la zona serían de 7.000 toneladas, lo que representaría unos 280.000 millones de dólares (Agencia Venezolana de Noticias 2016).

El territorio que ha sido delimitado como Arco Minero del Orinoco tiene riquezas socioambientales e incluso económicas muy superiores al valor monetario potencial de las reservas mineras. Es parte del territorio ancestral de los pueblos indígenas Warao, E´Ñepa, Hoti, Mapoyo, Kariña, Piaroa, Pemón, Ye´kwana y Sanema, cuyas condiciones materiales de existencia están siendo devastadas por esta explotación minera, no sólo violando flagrantemente los derechos constitucionales de estos pueblos, sino amenazándolos con el etnocidio. Se trata de una parte de la Amazonía que juega un papel crítico en la regulación de los regímenes climáticos del planeta y cuya preservación es vital para frenar el avance del cambio climático. Un territorio de una extraordinaria diversidad biológica que es igualmente la fuente principal de agua con la cual cuenta Venezuela y la zona en la cual están ubicadas las represas hidroeléctricas que suministran más del 70% de la electricidad que se consume en el país. Profundizando la lógica extractivista, se le ha dado preferencia a la obtención de ingresos monetarios a corto plazo, aunque ello implique una masiva devastación socio-ambiental de carácter irreversible. Todo esto por decreto presidencial en ausencia total de debate público, en un país cuya constitución lo define como democrático, participativo y protagónico, multiétnico y pluricultural.

Este decreto constituye una abierta violación de derechos y responsabilidades ambientales taxativamente establecidas por la Constitución de la República Bolivariana de Venezuela, por la legislación ambiental vigente y por acuerdos internacionales suscritos por el país como el *Convenio de Diversidad Biológica*. Se violan igualmente la Ley de demarcación y garantía del hábitat y tierras de los pueblos indígenas (enero 2001) y *La Ley Orgánica de Pueblos y Comunidades Indígenas* (LOPCI, diciembre 2005). Entre estas violaciones destacan todas las normas de consulta previa e informada que están firmemente establecidas tanto en la legislación venezolana como internacional (Convenio 169 de la OIT), en los casos en que se programen actividades que podrían impactar negativamente los hábitats de estos pueblos.

En el proyecto del Arco Minero está prevista la participación de "empresas privadas, estatales y mixtas". El decreto contempla una variada gama de incentivos públicos a estas corporaciones mineras, entre otras, la flexibilización de normativas legales, simplificación y celeridad de trámites administrativos, la no exigencia de determinados requisitos previstos en la legislación venezolana, la generación de "mecanismos de financiamiento preferenciales", y un régimen especial aduanero con preferencias arancelarias y para-arancelarias a sus importaciones. Contarían igualmente con un régimen tributario especial que contempla la exoneración total o parcial del pago del impuesto sobre la renta y del impuesto al valor agregado:

> Artículo 21. En el marco de la política económica sectorial, el Ejecutivo Nacional podrá otorgar exoneraciones totales o parciales del Impuesto sobre la Renta y del Impuesto al Valor Agregado, aplicables, exclusivamente, a las actividades conexas a la actividad minera, a los fines de fomentar el impulso y crecimiento de la Zona de Desarrollo Estratégico Nacional Arco Minero del Orinoco.
>
> Igualmente, las empresas mixtas constituidas para el desarrollo de actividades primarias, previstas en el Decreto con Rango, Valor y Fuerza de Ley Orgánica que Reserva al Estado las Actividades de Exploración y Explotación del Oro, así como las Conexas y Auxiliares a estas, sobre los yacimientos ubicados en la Zona de Desarrollo Estratégico Nacional Arco Minero del Orinoco gozarán de estos beneficios mientras dure el desarrollo del proyecto (Maduro Moro 2016).

Las posibilidades de oponerse a los impactos negativos de la gran minería en la zona del Arco Minero están prohibidas por las normativas del decreto. Con el fin de impedir que las actividades de las empresas puedan ser obstaculizadas por las resistencias, se crea una Zona de Desarrollo Estratégico bajo la responsabilidad de la Fuerza Armada Nacional Bolivariana:

> Artículo 13. La Fuerza Armada Nacional Bolivariana, en conjunto con el Poder Popular organizado, y en coordinación con las autoridades del Ministerio del Poder Popular con competencia en materia petrolera tendrá la responsabilidad de salvaguardar, proteger y mantener la continuidad armoniosa de las operaciones y actividades de las Industrias Estratégicas ubicadas en la Zona de Desarrollo Estratégico Nacional Arco Minero del Orinoco.

El decreto en cuestión establece en forma expresa la suspensión de los derechos civiles y políticos en todo el territorio del Arco Minero.

> Art. 25. Ningún interés particular, gremial, sindical, de asociaciones o grupos, o sus normativas, prevalecerá sobre el interés general en el cumplimiento del objetivo contenido en el presente decreto.
>
> Los sujetos que ejecuten o promuevan actuaciones materiales tendentes a la obstaculización de las operaciones totales o parciales de las actividades productivas de la Zona de Desarrollo Estratégica creada en este decreto serán sancionados conforme al ordenamiento jurídico aplicable.

Los organismos de seguridad del Estado llevarán a cabo las acciones inmediatas necesarias para salvaguardar el normal desenvolvimiento de las actividades previstas en los Planes de la Zona de Desarrollo Estratégico Nacional Arco Minero del Orinoco, así como la ejecución de lo dispuesto en este artículo (Maduro Moro 2016).

Son extraordinariamente graves las consecuencias de esta “Prevalencia del interés general sobre intereses particulares”. Se entiende por “interés general”, la explotación minera tal como ésta está concebida en este decreto presidencial. Toda otra visión, todo otro interés, incluso la apelación a la Constitución, pasa a ser definido como un “interés particular” y, por lo tanto, sujeto a que los “organismos de seguridad del Estado" lleven a cabo "las acciones inmediatas necesarias para salvaguardar el normal desenvolvimiento de las actividades previstas" en el decreto.

¿Cuáles son, o pueden ser, los intereses denominados aquí como "particulares"? El decreto está redactado en forma tal que permite una amplia interpretación. Por un lado, señala expresamente como "particulares" los intereses sindicales y gremiales. Esto puede, sin duda, conducir a la suspensión, en toda la zona, de los derechos de los trabajadores contemplados en la Constitución, y en la *Ley Orgánica del Trabajo, los trabajadores y las trabajadoras.* ¿Implica esto igualmente que los derechos "gremiales" y, por lo tanto "particulares" de los periodistas de informar sobre el desarrollo de las actividades mineras quedan suspendidos? ¿Son los derechos de los pueblos indígenas, de acuerdo con esto, intereses particulares?

A finales del año 2018 todavía no llegaban las grandes inversiones de transnacionales esperadas por el gobierno, fundamentalmente por la ausencia de seguridad jurídica para éstas. Sin embargo, la minería ilegal de oro y coltán se ha expandido aceleradamente con la participación de decenas de miles de mineros. Esta vasta extensión del territorio nacional se ha convertido en un territorio parcialmente al margen del Estado, parcialmente en manos de componentes mafiosos de las fuerzas armadas. Agrupaciones armadas, paramilitares, integrantes del ELN, disidentes de las FARC, bandas criminales denominadas "sindicatos", controlan diferentes sectores dentro de estos territorios y fijan los precios a los cuales obligan a los mineros a vender los minerales extraídos (Romero y Ruiz 2018; Vitti 2018). Todo esto con la complicidad de integrantes de la fuerza armada venezolana. Esta actividad minera ilegal opera con elevados niveles de violencia, son frecuentes las muertes de mineros por disputas territoriales, y con severos impactos socioambientales. Para la minería del oro se utiliza en forma masiva el mercurio que ya se encuentra en grandes concentraciones en madres y niños de la zona. Niñas indígenas son raptadas en sus comunidades para someterlas a la prostitución en los campamentos mineros.

Esta opción por el extractivismo y por la plena apertura a la participación de corporaciones transnacionales en las mejores condiciones posibles para éstas, se ha complementado con otras decisiones tomadas por la inconstitucional Asamblea Nacional Constituyente y por el presidente

Maduro, mediante un igualmente anticonstitucional Estado de Emergencia Económica que se ha prolongado desde comienzos del año 2016: la Ley de Protección de las Inversiones Extranjeras (República Bolivariana de Venezuela. Asamblea Nacional Constituyente 2017); eliminación del impuesto sobre la renta a PDVSA y sus empresas asociadas, privadas, nacionales y extranjeras (Rodríguez Rosas 2018), así como la privatización parcial de empresas estatales del área petrolera, vendiéndoselas a empresas chinas en condiciones que se mantienen en secreto y, por lo tanto, no conocidas por la población venezolana. Los nuevos contratos firmados con corporaciones internacionales para la producción petrolera son claramente inconstitucionales y violatorios de la soberanía del país (Plataforma Ciudadana en Defensa de la Constitución 2018; Millán 2019). Esta amplia apertura neoliberal se da en circunstancias en que el gobierno, en el contexto de una profunda crisis, tiene una extraordinaria debilidad y, por ello, tiene que aceptar las condiciones que le impongan los inversionistas o prestamistas externos, principalmente por parte de sus países "aliados", China y Rusia. La contradicción entre la encendida retórica antiimperialista y el remate de los bienes comunes de la sociedad venezolana al capital transnacional difícilmente podría ser mayor.

Extractivismo y los horizontes utópicos de las trasformaciones que fueron anunciadas

La opción de estos gobiernos por la apertura extractivista al capital transnacional ha bloqueado la posibilidad de que los objetivos transformadores más radicales formulados al inicio de estos procesos tuviesen posibilidad alguna de realización. No era posible el reconocimiento del Estado plurinacional, ni los derechos de los pueblos indígenas sobre sus territorios ancestrales, ni el derecho a la consulta previa con relación a actividades que impactasen sus territorios, si eran precisamente esos territorios los que tenían que ser entregados para su explotación por parte de empresas públicas, privadas, nacionales o extranjeras.

Es paradójico que en los años en que la mayor parte de los países de América del Sur tenían gobiernos denominados de izquierda o progresistas, inclusive algunos países con constituciones que tienen como eje las nociones de la plurinacionalidad y pluriculturalidad, y estén reconocidos constitucional y/o legalmente los derechos de la naturaleza, haya sido precisamente una fase histórica de acelerado avance del capital transnacional extractivista depredador, incluso hacia territorios antes relativamente aislados y, por lo tanto, no plenamente sometidos a la lógica mercantilizadora del capital.

El extractivismo como modelo productivo dominante ha estado en estas experiencias imbricado con un patrón estadocéntrico de organización de la sociedad. La recuperación del Estado después de décadas de desmontaje neoliberal a favor del mercado, ha devenido en el fortalecimiento de un Estado desde el cual una dirección política vanguardista y/o tecnocrática, nuevas versiones del caudillismo histórico latinoamericano o el líder insustituible, imponen su voluntad al conjunto de la sociedad a partir de la mirada de la sociedad desde el Estado, y de la identificación del Estado con el interés general de la sociedad. De esta manera, se han bloqueado tanto las posibilidades de avanzar en la dirección de la creación de ámbitos de autonomía y de experimentación social, sin los cuales no es posible el Estado plurinacional ni la construcción colectiva de una sociedad alternativa. Se han bloqueado igualmente las posibilidades de despliegue de las modalidades de democracia participativa y comunitaria contempladas en los textos constitucionales.

Extractivismo, geopolítica e integración latinoamericana

Con el desplazamiento hacia la izquierda representado por los gobiernos llamados progresistas, se produjeron importantes cambios geopolíticos en el subcontinente. Se dieron pasos de coordinación política en la búsqueda de autonomía regional en relación al histórico dominio de los Estados Unidos en la región. El que hubiese gobiernos autodefinidos como de izquierda, o progresistas, en la mayoría de los países de este subcontinente en forma simultánea, constituyó un hecho sin precedentes históricos. La expresión más importante de este nuevo momento continental fue la derrota del Área de Libre Comercio de las Américas (ALCA), proyecto propiamente imperial que buscaba constitucionalizar el orden neoliberal en todo el continente americano.

Gracias a los elevados ingresos producidos por la exportación de los *commodities* fue posible reducir el peso de la deuda externa y la dependencia de las instituciones de Bretton Woods. Se limitaron o cortaron lazos militares con los Estados Unidos, como fue el caso de la expulsión de las fuerzas militares de dicho país de la Base de Manta en Ecuador, y la suspensión del envío de personal a ser entrenado en la Escuela de las Américas. Cesó la colaboración con la Drug Enforcement Agency (DEA) de dicho país. Se alteró el tradicional alineamiento político y económico con los Estados Unidos, actuando con mayor independencia política internacional en asuntos como las negociaciones de cambio climático y los derechos del pueblo palestino. Se amplió extraordinariamente el espectro de las relaciones comerciales, las fuentes de financiamiento e inversión externa, proceso en el cual China jugó un papel preponderante.

Durante estos años se creó un conjunto de organismos subregionales de integración y de cooperación política como la Unión de Naciones Sudamericanas (UNASUR), la Alianza Bolivariana para los Pueblos de Nuestra América - Tratado de Comercio de los Pueblos (ALBA-TCP), la Comunidad de Estados Latinoamericanos y Caribeños (CELAC), y Petrocaribe, un acuerdo solidario de cooperación energética ente Venezuela y países caribeños y centroamericanos. De estos organismos, UNASUR fue el que simultáneamente representó tanto el mayor potencial de una integración regional política y económica autónoma, como las profundas contradicciones y limitaciones transformadoras de estos gobiernos progresistas.

Esta organización fue creada por los doce países de América del Sur. Su tratado constitutivo del 23 de mayo del 2008 define el propósito de la organización en los siguientes términos:

> La Unión de Naciones Suramericanas tiene como objetivo construir, de manera participativa y consensuada, un espacio de integración y unión en lo cultural, social, económico y político entre sus pueblos, otorgando prioridad al diálogo político, las políticas sociales, la educación, la energía, la infraestructura, el financiamiento y el medio ambiente, entre otros, con miras a eliminar la desigualdad socioeconómica, lograr la inclusión social y la participación ciudadana, fortalecer la democracia y reducir las asimetrías en el marco del fortalecimiento de la soberanía e independencia de los estados (UNASUR 2011).

El momento político más destacado de UNASUR, cuando parecía hacerse realidad esta integración sudamericana, ocurrió a los pocos meses, en el mismo año 2008, cuando se dio una crisis profunda en Bolivia en que estaba en juego la estabilidad del gobierno y la desintegración territorial del país, como consecuencia de las amenazas secesionistas de las provincias de la llamada Media Luna. Ante esta situación, bajo la presidencia *pro témpore* de Michelle Bachelet, se realizó una reunión de emergencia de los presidentes de los países de la organización en Santiago de Chile en la cual se acordó:

> 1. Expresan su más pleno y decidido respaldo al Gobierno Constitucional del presidente de la República de Bolivia Evo Morales, cuyo mandato fue ratificado por una amplia mayoría en el reciente Referéndum.
> 2. Advierten que sus respectivos Gobiernos rechazan enérgicamente y no reconocerán cualquier situación que implique un intento de golpe civil, la ruptura del orden institucional o que comprometan la integridad territorial de la República de Bolivia (UNASUR 2008).

Esta reunión fue importante por dos razones fundamentales. En primer, lugar porque logró efectivamente impulsar procesos de negociación en condiciones que relegitimaron al gobierno de Evo Morales y permitieron superar la crisis. En segundo lugar, porque, por primera vez en la historia independiente del continente, un conflicto político de repercusiones continentales fue abordado y resuelto por una institución de la región, sin la participación de los Estados Unidos, Canadá o la Organización de Estados Americanos. Un hito que parecía haber marcado claramente un antes y un después.

Sin embargo, en el ámbito de la integración económica, la dinámica dominante ha caminado en una dirección opuesta. Pese a múltiples encuentros y acuerdos y los discursos altisonantes sobre la integración continental, si cada uno de los países de la región prioriza la expansión de las exportaciones de uno o más bienes primarios a mercados extra continentales, con frecuencia los mismos bienes a los mismos mercados (petróleo, hierro, cobre, soya...), principalmente a China, es poco el terreno que queda para la complementariedad económica y la articulación de cadenas productivas. En cada uno de los países de la región, independientemente de que sus gobiernos fuesen progresistas o neoliberales, durante los últimos tres lustros se ha producido un proceso de reprimarización de las economías y un incremento del peso de los bienes primarios en el total de las exportaciones.

Evolución del valor de las exportaciones primarias de los países sudamericanos según participación en el total

País/año	2000	2002	2004	2006	2008	2010	2012	2014	2016
Argentina	67,5%	69,5%	71,2%	68,2%	69.2%	67,8%	67,9%	67,9%	74,3%
Bolivia	72,3%	84,2%	86,7%	89,8%	92,8%	92,6%	94,7%	94,4%	94,5%
Brasil	42,0%	47,4%	47,0%	49,5%	55,4%	63,6%	65,0%	65.2%	60,1%
Chile	84,0%	83,2%	86,8%	89,0%	88,8%	89,6%	85.8%	85,9%	85,3%
Colombia	65,9%	62,2%	62,9%	64,4%	68,5%	77,9%	82,5%	82,4%	74,5%
Ecuador	89,9%	89,7%	90,7%	90,4%	91,7%	90,2%	91,0%	93,8%	92,5%
Paraguay	80,7%	85,1%	87,3%	84,1%	92,1%	89,3%	91,2%	90,6%	90,6%
Perú	83,1%	83,0%	83,1%	88,0%	86,6%	89,1%	85,4%	85,3%	96,9%
Uruguay	58,5%	63,7%	68,4%	68,7%	71,3%	74,3%	75,9%	76,3%	77,9%
Venezuela	90,95	86,2%	86,9%	92,7%	95,6%	95,7%	98,3%	...	...

Cepal. Anuarios estadísticos de América Latina y el Caribe 2004-2017, Santiago de Chile.

Entre esos años, con pequeñas oscilaciones, el comercio intrarregional en América Latina presenta pocas variaciones. En el año 2015, las importaciones intrarregionales del conjunto de América Latina y el Caribe representaron sólo el 15% de sus importaciones, mientras que las exportaciones intrarregionales constituyeron un 17% (CEPAL 2017). Durante los años de los gobiernos progresistas en Bolivia, Ecuador y Venezuela, con la excepción de las importaciones de Venezuela, tanto las importaciones como las exportaciones intrarregionales disminuyeron como porcentaje del monto total (CEPAL 2002, 2010 y 2016).

El proceso de integración sudamericano que ha avanzado más, va a contramarcha del contenido del discurso político sobre otra integración de los gobiernos progresistas. Es el que está guiado por las orientaciones de la Iniciativa para la Integración de la Infraestructura Regional Suramericana (IIRSA). Surge este proyecto en el año 2000, por iniciativa del presidente F. H. Cardoso de Brasil. Su objetivo era, y sigue siendo, el de generar obras de infraestructura en los campos del transporte, energía y telecomunicaciones, para facilitar el comercio intrarregional e internacional. Esta propuesta se da en un contexto de pleno auge del neoliberalismo en el continente, y en un momento en el que, con la sola excepción del presidente venezolano Hugo Chávez, que recién comenzaba a definir orientaciones de lo que sería su propuesta económica, todos los demás presidentes del continente apostaban por rumbos neoliberales. Como lo han señalado los críticos a lo largo de estos años, se trata de un proyecto de desarrollo de grandes obras de infraestructura física y de homologación jurídica, destinadas a profundizar la integración subordinada, colonial, en la división internacional del trabajo y la naturaleza. (SERVINDI 2016; Metiendoruido 2016). Sus proyectos principales, como la construcción de grandes carreteras a través de la Amazonía y de la cordillera andina, el dragado de ríos para permitir su navegabilidad por barcos de mayor calado, y los ferrocarriles, se proponen superar las "barreras" representadas por montañas y selvas para facilitar así la explotación de los "recursos". Algunas de las grandes represas hidroeléctricas están destinadas a suministrar energía a la extracción minera. Todo esto implica el impulso indetenible del "progreso", acelerando con grandes inversiones de infraestructura la apropiación de territorios ocupados por pueblos indígenas y campesinos, expandiendo igualmente los procesos masivos de devastación ambiental.

El IIRSA y UNASUR estuvieron constituidos por los mismos doce países que cubren la totalidad del territorio sudamericano. Se trata de dos modelos que se originaron en contextos geopolíticos diferentes y que aparentemente tienen objetivos declarados divergentes. Sin embargo, en el año 2009, UNASUR le da plena continuidad al IIRSA con la creación del Consejo Suramericano de Infraestructura y Planeamiento de UNASUR (COSIPLAN), que integra al IIRSA como su foro técnico de infraestructura.[25]

Dado el extraordinario peso de Brasil en Sudamérica, en los proyectos del IIRSA han jugado un papel preponderante los intereses económicos y geopolíticos de dicho país por la vía del financiamiento del banco de desarrollo BNDES, y su ejecución por parte de las grandes constructoras brasileñas como la Odebrecht y Camargo Correa. Estos emprendimientos estuvieron acompañados por extraordinarios niveles de corrupción.

La tensión entre esos dos programas de futuro para el continente, el desarrollista/extractivista de carácter neoliberal representado por el IIRSA, y el de ruptura radical en dirección al buen vivir, el reconocimiento de los derechos de la naturaleza y la interculturalidad, lo resuelve UNASUR, más allá de sus discursos y declaraciones de principios, por la vía de los hechos, a favor del primero.

La precariedad de las dinámicas de integración económica regional, la debilidad de la interdependencia de sus cadenas productivas, de esa interconexión sin integración (Zibechi 2016) quedó al desnudo en la facilidad con que UNASUR comenzó a desmembrase en el momento en que se dio el desplazamiento hacia la derecha de los gobiernos del continente. Seis países (Argentina, Brasil, Chile, Colombia, Perú y Paraguay) han anunciado que abandonarán el bloque (CNN 2018).

---

25 El Consejo Suramericano de Infraestructura y Planeamiento (COSIPLAN) es la instancia de discusión política y estratégica para planificar e implementar la integración de la infraestructura de América del Sur, en compromiso con el desarrollo social, económico y ambiental. Está integrado por las ministras y los ministros de las áreas de infraestructura y/o planeamiento o sus equivalentes designados por los Estados Miembros de UNASUR (COSIPLAN-UNASUR 2009).

Los debates de las izquierdas en torno a las luchas anticapitalistas actuales en América Latina

El espectro de las luchas anticapitalistas durante los últimos dos siglos nunca ha sido homogéneo, libre de debates y de confrontaciones, desde asuntos propiamente fundantes, esenciales, como la caracterización del capitalismo y los modelos de sociedades alternativas por las cuales se luchaba, hasta debates estratégicos y tácticos referidos al sentido que debían tener esas luchas, sus sujetos, modalidades organizativas, carácter pacífico o violento de éstas.[26]

Durante la Revolución Industrial Inglesa operaron por primera vez en la historia procesos de transformación de una sociedad rural, de base fundamentalmente agrícola, a una sociedad urbana de base fabril. Cada uno de los aspectos básicos de la vida del conjunto de la sociedad fue alterado profundamente en pocas décadas. El cercamiento de los comunes (*enclosure*) que implicó la transformación de lo que hasta ese momento había sido de uso común (tierras de pastoreo, bosques, aguas) en bienes de uso exclusivo de sus propietarios privados. Se alteran profundamente las concepciones y prácticas del tiempo. Se va creando un nuevo régimen de disciplina en que la organización de la vida dejaba de girar alrededor de los ritmos de la naturaleza, en función de la actividad agrícola, para organizarse en torno a los tiempos y ritmos de los hora-

26 Quiero agradecer a Miriam Lang por sus valiosos comentarios a una versión preliminar de esta parte del texto.

rios de la actividad fabril. Tránsito de la estructura tradicional de familia extendida a la familia nuclear. Transformaciones en el tejido social comunitario y emergencia de un nuevo individualismo y el anonimato de la vida urbana. La lógica de la mercantilización comenzó a extenderse a ámbitos cada vez más extensos de la vida colectiva.

Fueron tan profundas y aceleradas las transformaciones que ocurrieron en unas pocas décadas, y tan extraordinarios estos cambios, que en amplios sectores de la sociedad se generó la consciencia de que el mundo estaba cambiando y ante sus ojos surgían nuevos modos de vida. Esto hizo posible que se diese lo que propiamente puede denominarse como un debate civilizatorio. Diferentes sectores de la sociedad vivieron y evaluaron estas dinámicas en formas, no sólo extraordinariamente diferenciadas, sino antagónicas. Es posible identificar en términos muy generales tres grandes posturas en relación a esta gran transformación civilizatoria. La primera de éstas, la de la burguesía, los denominados industrialistas, asume posturas liberales asociadas a la idea del progreso, el libre comercio, a la confianza ciega en los avances de la ciencia y la tecnología. Las costumbres y modos de vida tradicionales fueron vistos como obstáculos a superar. Una segunda postura es la que en términos comunes ha sido caracterizada como tradicionalista o conservadora, asociada principalmente a la clase de los dueños de la tierra rural de origen feudal y la iglesia. Más allá de la narrativa construida por los vencedores, no se trataba simplemente de terratenientes reaccionarios, sino de una resistencia más compleja que incorporaba la oposición a la mercantilización de la naturaleza y otro entendimiento de las relaciones entre los seres humanos y ésta. Se oponían igualmente a lo que veían como un desgarramiento del tejido de la sociedad. La tercera postura es la que puede ser identificada con los sectores subalternos más directamente afectados por estas transformaciones, principalmente los campesinos expulsados de las tierras en las que vivían por medio de los encerramientos y el consecuente sometimiento a las nuevas y brutales condiciones de la disciplina fabril. Una de las expresiones más importantes de resistencia en contra de los encerramientos y esas nuevas condiciones fabriles fue la que identificó a las nuevas maquinarias como la causante de estos procesos, y convirtió el enfrentamiento a éstas en su forma principal de lucha: los *ludistas*.

Las confrontaciones entre estos diferentes sectores sociales y posturas en torno a estas aceleradas dinámicas transformadoras, se dieron con frecuencia en forma violenta, jugando en ello la represión estatal a las resistencias un papel central. Sólo una muy pequeña proporción de la población tenía derecho al voto. Se trató de confrontaciones civilizatorias en la medida en que lo que estaba en juego, en forma bastante consciente, era precisamente qué modelo de organización de la vida colectiva terminaría por imponerse.

Ya hacia comienzos de la cuarta década del siglo XIX, lo fundamental de las resistencias había sido derrotado y el nuevo orden social liberal de los industrialistas se había consolidado. Las memorias de otras formas de vida fueron, poco a poco, quedando en el olvido. Con esto se alteró profundamente el contenido de las pugnas sociales, que pasaron de ser confrontaciones a favor o en contra de la sociedad industrial, a ser pugnas al interior de ésta. Las luchas de los trabajadores pasan de ser de resistencia a la imposición del régimen fabril, a ser luchas al interior de la sociedad industrial: luchas por la jornada de trabajo, las condiciones de trabajo, el salario, el derecho a la organización sindical.

Se produjo así una derrota histórica de las resistencias y alternativas. El modo de vida de la sociedad industrial se fue extendiendo al resto de Europa Occidental.

Son éstas las condiciones en las que emergen y se estructuran las luchas anticapitalistas identificadas con la izquierda y/o el socialismo, descartando otras potenciales trayectorias históricas. Es éste el contexto histórico cultural en que nace el marxismo. Proceso que se dio primero en Europa y luego se extendió a otros continentes en el curso del sometimiento colonial imperial. La homogeneización tendencial, que desde las perspectivas victoriosas debía operar hasta la desaparición de los vestigios del pasado tradicional, no se dio sino parcialmente en Europa. Mucho menos en el mundo sometido al dominio colonial, donde tanto los sistemas políticos de dominación, como las resistencias eurocentradas, dejaron afuera, como sujeto presente o potencial, a la mayoría de la población. Se impuso en la mayor parte del Sur Global una gramática política que, tomando como referencia la experiencia europea, definía quiénes eran los sujetos legítimos de la acción política y social, las demandas que podían ser reconocidas como válidas, y sus correspondientes formas organizativas. Por mucho tiempo esos otros (con frecuencia la mayoría de la población) y sus propias culturas y trayectorias históricas alternativas quedaron fuera del radar de la política institucional, tanto desde el poder como de las resistencias eurocentradas. Esos otros sujetos, otras culturas, otras historias, otras formas organizativas, otros saberes, otras formas no antropocéntricas de ser y estar en la naturaleza, no sólo fueron invisibilizadas, sino que fueron colocados en un tiempo pasado: primitivo, tradicional o feudal. Al construirse la sociedad liberal industrial como presente y futuro, como lo "moderno", todo lo *otro* fue relegado al pasado.[27] Tiempo superado en la meta narrativa teleológica de la modernidad. Tiempo construido como negatividad del cual no había nada que recuperar. Sus poblaciones, sus experiencias y culturas fueron negadas como realidades que tuviesen posibilidad de tener algo que decir sobre el presente y el futuro. Estas perspectivas eurocentradas de negación del *otro* tienen sus raíces históricas en un profundo racismo. La historia parroquial europea, sus sujetos y agentes fueron construidos como el modelo de la Historia Universal.

En las posturas anticapitalistas identificadas con el marxismo y con el socialismo como horizonte utópico ha habido, en lo fundamental, un encuadramiento común en las interpretaciones del capitalismo y sus alternativas al interior de los imaginarios modernos, coloniales, eurocéntricos de la sociedad industrial. Se hicieron hegemónicas concepciones antropocéntricas, patriarcales y monoculturales, de confianza ciega en el progreso y el desarrollo de las fuerzas productivas. La transformación fue pensada en términos de un partido revolucionario de vanguardia y del papel protagónico del Estado como ámbito privilegiado del cambio.

---

27 Es esto lo que Johannes Fabián ha denominado "la negación de la simultaneidad" (1983).

Comienza el resquebrajamiento de la hegemonía de estas concepciones del anticapitalismo: la emergencia de nuevas formas de la política antisistémica

De una historia que es más rica y con diversas tonalidades, se pueden destacar algunos de los hitos principales que a la vez que fueron carcomiendo los fundamentos de las políticas antisistémicas tradicionales eurocentradas, van abriendo camino a nuevas formas de la acción política.

Mayo del año 1968, en sus múltiples expresiones en diferentes partes del mundo, constituye un momento histórico en el cual se evidencia una profunda crisis en esas formas dominantes de la política, especialmente las expresiones político-organizativas anti-sistémicas. Como ha señalado Immanuel Wallerstein, se trata de una crisis global de la legitimidad de las principales formas que habían adquirido las luchas de la izquierda en todo el mundo: el socialismo real del bloque soviético, la socialdemocracia europea y los gobiernos resultantes de los movimientos de liberación nacional, sobre todo, en el continente africano.

> [...] en los años 60 una u otra de estas tres clases de movimientos habían logrado llegar al poder estatal en la mayor parte de los países de la Tierra. Sin embargo, era evidente que no habían logrado transformar al mundo (Wallerstein 2002).

Por ello, los movimientos y luchas asociadas con 1968, entre estos el movimiento de los derechos civiles en los Estados Unidos y las resistencias globales en contra de la Guerra de Vietnam, no sólo cuestionan a la sociedad capitalista, sino de igual forma a las diferentes tradiciones de la izquierda. Criticando el carácter estadocéntrico de la política, y las nociones según las cuales los cambios societales ocurrirían después de la toma del poder del Estado, se colocan en el centro del ámbito de lo político asuntos como patriarcado, sexualidad, racismo, etnicidad, patrones de consumo, destrucción ambiental, democracia y crítica del autoritarismo en todas sus expresiones, desde lo estatal/partidista, pasando por el mundo del trabajo y las instituciones educativas, hasta lo cotidiano y familiar.

Las consecuencias más significativas y duraderas de estos movimientos fueron su contribución a producir profundas transformaciones en la cultura, los imaginarios, y la conciencia colectiva de un amplio espectro de la población del planeta, especialmente la joven.

Un segundo momento crítico en las transformaciones de las formas hegemónicas de las luchas antisistémicas ocurre como producto de la caída del Muro de Berlín y el derrumbe del bloque soviético. El impacto sobre las luchas antisistema fue ambivalente (Lander 2004). Por una parte, el colapso de la Unión Soviética significó el fin del mundo bipolar con un fortalecimiento del poder imperial de los Estados Unidos, y un avance extraordinario del proceso de la mercantilización de la vida en todo el planeta. Ello limitó severamente los márgenes de acción que la confrontación bipolar había ofrecido para muchas experiencias no alineadas. En este sentido, significó un duro revés para las luchas anticapitalistas.

Sin embargo, por otro lado, favoreció la liberación de los imaginarios de los pueblos del sometimiento a una única alternativa al capitalismo; del peso asfixiante de la teleológica filosofía de la historia que desde su construcción eurocéntrica pretendía imponer a todos los pueblos una sola ruta histórica. Terminó de sepultar las pretensiones de la existencia de un sujeto histórico universal capaz de transformar el orden existente y construir un orden alternativo. Contribuyó a deslegitimar la idea del progreso y la creencia en la posibilidad de un crecimiento económico sin fin y la explotación ilimitada de la Naturaleza, como condición para la libertad y la felicidad humana. Hizo más transparente el carácter autoritario y monocultural de las pretensiones de intentar dirigir al conjunto de la sociedad desde el monopolio de la verdad, por parte de unas determinadas comunidades de sentido (tecnócratas o vanguardia revolucionaria). Se abrieron nuevas condiciones para el reconocimiento de la multiplicidad de las fuentes de saberes en la crítica y resistencia al orden existente, y en la prefiguración de la urdimbre de otro mundo posible. Contribuyó igualmente a diluir el sentido de la contraposición clásica entre *reforma* y *revolución* y la correspondiente descalificación de todo aquello que no se consideraba como revolucionario. Asumir que el futuro está abierto, que no está predeterminado por leyes de la historia, sino que es el producto de la acción humana, altera radicalmente el sentido de estos viejos debates.

En síntesis, estos complejos desplazamientos político-culturales implicaron, desde muy diversas perspectivas y prácticas, cuestionamientos radicales a las formas de hacer política que han sido hegemónicas en la izquierda, en especial su estadocentrismo y la consecuente prioridad de la idea de la toma del aparato del Estado (sea por la vía armada o por la vía electoral), así como el lugar central otorgado a los partidos y las vanguardias en la transformación social. Sobre la base de lo que había sido la experiencia tanto de los gobiernos del campo socialista como de la socialdemocracia que, desde el Estado, no habían logrado las profundas transformaciones de la sociedad a las cuales se aspiraba, se cuestiona la noción según la cual sería posible la transformación de la sociedad desde el Estado, y se pasa a privilegiar las transformaciones culturales y la construcción de contrahegemonías, como condiciones de la posibilidad misma de una sociedad postcapitalista. Las transformaciones sociales dejan de ser concebidas como proyectos a futuro, después de la toma del poder, para imaginar y practicar cambios y prefiguraciones de otra sociedad en el aquí y el ahora.

La búsqueda de otras formas democráticas, plurales, de la acción política, de otras modalidades organizacionales e institucionales de lucha, de otras formas de producción de los conocimientos requeridos para la transformación social, la emergencia de nuevas subculturas alternativas, no son exclusivamente asuntos de carácter teórico a ser abordados por una élite intelectual, sino retos para la creación colectiva desde las múltiples expresiones societales de la acción político-social. Pluralidad de actores y sujetos, diversidad, democracia y experimentación van conformando las bases de esa otra política que incorpora, entre otras, diversas concepciones y prácticas de autonomía y autogobierno.

El Foro Social Mundial, a partir de su primer encuentro en Porto Alegre en el año 2001, se concibe como un espacio de experimentación colectiva internacional y de consolidación de estas nuevas formas de hacer política antisistémica. Se constituye como un espacio plural, diversificado, descentralizado, no partidista, no estatal, no confesional; un lugar de debate, de encuentro, de intercambio de experiencias y creación colectiva; un ámbito en el que la pluralidad de organizaciones participantes pueda, en su diversidad, a pesar de sus diferencias, reconocerse. No han participado gobiernos, la presencia de los partidos políticos ha sido limitada y la toma del poder del Estado no ha formado parte de su agenda compartida.

> (El Foro) se propone consolidar una globalización solidaria [...] que respete a los derechos humanos universales, a todos los ciudadanos y ciudadanas de todas las naciones y al medio ambiente, apoyándose en sistemas e instituciones internacionales democráticos que estén al servicio de la justicia social, de la igualdad y de la soberanía de los pueblos. (Da cabida a quienes) se opongan al neoliberalismo y al dominio del mundo por el capital o por cualquier forma de imperialismo y busca la construcción de una sociedad planetaria orientada hacia una relación fecunda entre los seres humanos y de estos con la Tierra (Foro Social Mundial 2002).

En contraste con las prácticas y modalidades organizativas que habían sido hegemónicas en la izquierda, todo esto implica otras formas de acción política y nuevas institucionalidades democráticas, flexibles, plurales, construidas por los propios movimientos y organizaciones participantes. Se crean nuevas formas de solidaridad e internacionalismo a propósito de una amplia gama de asuntos: tratados de libre comercio; luchas campesinas; resistencia a la guerra; derechos territoriales de los pueblos indígenas; enfrentamiento a la privatización del agua. Temas y asuntos que anteriormente podían ser pensados como de interés sectorial (respeto a la Madre Tierra, la defensa del territorio, confrontación al patriarcado, búsqueda de alternativas al modelo agrícola-alimentario de la agroindustria de monocultivos y transgénicos, etc.), van contribuyendo a la creación de una nueva cultura política. Vocablos como el Sumak Kawsay y Suma Qamaña se convierten en referencias ampliamente compartidas.

La *Carta de Principios* del Foro establece que se trata de un espacio de encuentro, intercambio de experiencias, de coordinaciones, pero no de una organización que en términos unitarios tome decisiones y formule pronunciamientos a nombre de todos. Eso, sin embargo, de modo alguno obstaculizó la coordinación de acciones conjuntas entre movimientos participantes en el Foro, como fue la movilización global contra la guerra de los Estados Unidos a Iraq convocada por la Asamblea de Movimientos del Primer Foro Social Europeo organizado en Florencia en noviembre 2002, y la del Foro Social Mundial realizado en Porto Alegre en enero del 2003. Como resultado de esta acción conjunta en la cual participaron movimientos y organizaciones de todo el mundo, se llevó a cabo la mayor jornada de protesta simultánea de la historia de la humanidad. Con una participación que fue estimada en alrededor de 30 millones de personas, se dieron movilizaciones en contra de la guerra en unas 600 a 800 ciudades en todo el mundo (Bennis 2003).

Todos estos procesos hicieron posible la disposición más amplia a reflexionar críticamente sobre lo que había sido la experiencia del socialismo del siglo pasado, más allá de análisis que buscarían identificar "desviaciones", o justificaciones de lo que habrían sido reacciones inevitables ante la amenaza imperial, abriendo igualmente viejos y nuevos debates sobre el marxismo, incluyendo el reconocimiento de que el marxismo y el horizonte del socialismo como la sociedad del futuro no constituían sino una vertiente, entre otras, del pensamiento crítico y de las luchas anticapitalistas.

Durante las últimas décadas, sin necesariamente romper con la tradición marxista, ni cuestionar su extraordinaria vigencia para la comprensión de la dinámica de la sociedad capitalista, se ha producido una amplia gama de contribuciones conceptuales y prácticas críticas que han enriquecido la comprensión del capitalismo y complejizado enormemente los retos de su superación. Sería posible identificar dos vertientes principales. Una con énfasis en la formulación de otras alternativas de futuro, y las que reconocen y visibilizan modos de vida que persistieron por mucho tiempo al margen del capitalismo y que bajo esta nueva manera de ver el mundo emergen como parte del acervo anticapitalista.

Desde diferentes visiones, desde las perspectivas de la modernidad/colonialidad, se ha formulado una crítica radical a las interpretaciones eurocentradas de la modernidad al destacar que, para la mayor parte de la población del planeta, la modernidad ha sido una experiencia de colonización, esclavitud, exterminio y apropiación de bienes comunes sin los cuales el lado luminoso de la modernidad del norte colonizador no hubiese sido posible. Asociado a esto está el análisis de las implicaciones de asumir la historia parroquial europea como *Historia universal.*[28] Esto pone en cuestión el pensamiento eurocéntrico hegemónico.

Aníbal Quijano formula un severo cuestionamiento al pensamiento teleológico eurocentrado y al determinismo económico con su concepción de la *colonialidad del poder.* Negando el carácter universal del determinismo económico, aún en "última instancia", afirma que la existencia histórica está determinada por cinco dimensiones interrelacionadas cuyos pesos relativos y modalidades de interacción no están definidos ni están fijados por leyes universales, sino que varían en diferentes contextos o momentos históricos.

> Toda forma de existencia social que se reproduce en el largo plazo implica cinco ámbitos básicos, sin los cuales no sería posible: sexo, trabajo, subjetividad, autoridad colectiva y "naturaleza". La disputa continua por el control de dichos ámbitos origina las relaciones de poder. Desde esta perspectiva, el fenómeno del poder se caracteriza por ser un tipo de relación social constituido por la co-presencia y la interactividad permanente de tres elementos: dominación/explotación/conflicto, lo que afecta a cada uno y a todos los cinco ámbitos básicos de toda existencia social y que es resultado y expresión de la disputa por el control de ellos: 1) el sexo, sus recursos y sus productos; 2) el trabajo, sus re-

---

[28] Entre una vasta producción, ver: Quijano (2014), Dussel (1994), Mignolo (1995), Walsh (2009), Coronil (2002), Castro-Gómez (2005), Lander (2000).

cursos y sus productos; 3) la subjetividad/intersubjetividad, sus recursos y sus productos; 4) la autoridad colectiva (o pública), sus recursos y sus productos; 5) las relaciones con las demás formas de vida y con el resto del universo (todo lo que en el lenguaje convencional suele ser denominado como "naturaleza").

Las formas de existencia social en cada uno de dichos ámbitos no nacen las unas de las otras, pero no existen, no pueden existir, ni operan, separadas o independientes entre sí. Por eso mismo, las relaciones de poder que se constituyen en la disputa por el control de tales áreas o ámbitos de existencia social, tampoco nacen, ni se derivan, las unas de las otras, pero no pueden existir, salvo de manera intempestiva y precaria, las unas sin las otras. Esto es, forman un complejo estructural que ciertamente se comporta como tal, pero donde las relaciones entre los ámbitos diferenciados no tienen, no pueden tener, carácter sistémico u orgánico, puesto que cada ámbito de la respectiva existencia social tiene orígenes y condiciones específicas. Los elementos concretos y las respectivas medidas y maneras en que se articulan en cada ámbito y en la estructura conjunta provienen de las conductas concretas de las gentes, es decir, son siempre históricos y específicos en su origen, en su carácter, en su movimiento. En otros términos, se trata siempre de un determinado patrón histórico de poder (Quijano 2001).

Otra aproximación fundamental en la crítica al pensamiento eurocéntrico teleológico es el cuestionamiento al *desarrollo*, constructo político-epistemológico mediante el cual se trasformó a la población de la mayor parte del sur global en pasado, en atraso, en pobreza que requería la intervención modernizante del norte, de las instituciones de Naciones Unidas y Bretton Woods y de su financiamiento y expertos (Escobar 2007).

Al ser el patriarcado una dimensión constitutiva, fundante de la modernidad y del sistema mundo capitalista, han sido esenciales las contribuciones críticas desde una amplia gama de perspectivas feministas. Entre éstas pueden destacarse: 1) la caracterización de las ciencias modernas como patriarcales en la medida en que están sustentadas sobre imaginarios de separación sujeto/objeto, y concepciones mecanicistas de la naturaleza como objeto muerto pasivo, disponible para ser sometido y explotado en función del bienestar material de los seres humanos. El sometimiento de la naturaleza concebida como femenina es parte integral del poder del método científico (Merchant 1980). 2) la crítica al carácter radicalmente reduccionista de la ciencia económica que, al focalizarse exclusivamente en intercambios monetarios, deja afuera de su mirada a la mayor parte de los procesos de creación de riqueza: la naturaleza, el trabajo campesino de subsistencia, el trueque, el trabajo del hogar y el trabajo de cuidado (Mies 2008). 3) la caracterización del Estado moderno como institución patriarcal que está sustentada en el polo de lo que ha sido entendido como lo masculino en la escisión histórica de la sociedad entre lo público y lo privado, entre la producción y la reproducción. Pateman (1980); Brown (1995) y Segato (2018) 4) las diferentes vertientes del ecofeminismo. (Mies y Shiva *2016*; Salleh *2007*)

Han sido vitales las diversas contribuciones y rupturas que se han producido desde los campos teóricos y del activismo asociados a la economía ecológica y la ecología política (Martínez Allier *2009*; Leff *2006*; Alimonda; Toro Pérez y Martín *2017*) y desde posturas identificadas con el marxismo destacan los aportes y debates sobre el ecosocialismo (Löwy 2012).[29]

Otras vertientes fundamentales de cuestionamientos radicales a las modalidades eurocentradas de las luchas anticapitalistas provienen de tradiciones, historias y culturas *otras*, que no han sido sometidas plenamente a la lógica del capital y los modos de vida de la sociedad industrial moderna. En contraste con las perspectivas que buscan las fuentes de las transformaciones del capitalismo en sus *contradicciones internas*, se trata de luchas en resistencia a la expansión del capitalismo en territorios e intersticios no plenamente colonizados por éste, que buscan preservar, recuperar, reconstruir, lo propio histórico-ancestral, que ha sido desdibujado, distorsionado, debilitado, defendiendo —interculturalmente,

[29] La revista virtual *Climate and Capitalism* publica regularmente valiosos materiales desde esta perspectiva crítica.

sin esencialismos— otros modos de vida no mercantilizados. Esto abarca un amplio espectro, desde resistencias indígenas y campesinas en muy diversas partes del mundo (Kothari y Joy 2017), hasta modalidades de economías solidarias (Coraggio 2011) y experiencias de recuperación/construcción colectiva de los comunes (Bollier y Helfrich 2012), y las propuestas de decrecimiento (D'Alisa, Demaria y Kallis 2015), especialmente desde Europa.

Otras formas de la política y la llegada de los gobiernos progresistas al poder

En los lustros anteriores al inicio de los gobiernos progresistas, se dio un extraordinario activismo socio-político en el continente latinoamericano, caracterizado en lo fundamental por ser parte de esta ampliación de los ámbitos de la política, desbordando los acotamientos del eje articulador central: izquierda/derecha. Adquieren protagonismo otros sujetos sociales y son otras las modalidades de organización y acción política. Los referentes paradigmáticos de esta nueva fase de las luchas populares en el continente fueron: el Caracazo (1989); el *Levantamiento Indígena del Inti Raymi* en Ecuador (1990); la *Primera marcha indígena por el territorio y la dignidad* en Bolivia (1990); *el levantamiento zapatista en México* (1994); y la *Guerra del agua de Cochabamba* (1999-2000). Ninguna de estas luchas fue dirigida por partidos políticos. Tampoco tenían como referencia la toma del poder. En escalas menos visibles, en todo el continente se dan simultáneamente luchas de carácter local en defensa de los territorios y experimentos de prefiguración de otras formas de vivir.

Los gobiernos progresistas llegan al poder en el contexto de estos profundos desplazamientos de las concepciones y prácticas de las luchas anticapitalistas, y sobre la base de estas dinámicas de movilización/organización popular. Sin embargo, una vez instalados en el Estado y adoptando una mirada como Estado, se va produciendo una extraordinaria recuperación de las viejas formas de la política anticapitalista. Se va asumiendo una epistemología propia de las miradas de la realidad desde el Estado, desde el poder centralizado (Scott 1998). Esta perspectiva la sintetiza bien Álvaro García Linera en los siguientes términos:

> El Estado es el único que puede unir a la sociedad, lo único que recoge la síntesis de la voluntad general; que planea el marco estratégico y es el motor de la locomotora. El segundo es la inversión privada boliviana; tercero es la inversión extranjera; cuarto es pequeño negocio; quinto es la economía rural; y el sexto es [la] economía indígena. Este es el orden estratégico en el que la economía del país tiene que ser estructurada. (García Linera 2007)

Se constata una reemergencia fortalecida de una ortodoxia que parecía haber sido dejada atrás por los extraordinarios desplazamientos de la política del medio siglo precedente: partidismo/vanguardismo, estadocentrismo, patriarcado, antropocentrismo, monocultura y fe en el progreso. Paso a paso, los principales contenidos de transformaciones propiamente civilizatorias presentes en los textos constitucionales que fueron analizados previamente van siendo dejados a un lado, dándole prioridad al fortalecimiento del Estado, a la preservación del poder a nombre de la "Revolución" o del "socialismo". Como se ha argumentado en la parte II de este texto, en Ecuador y Bolivia se fue produciendo un profundo clivaje entre estos gobiernos y los movimientos y comunidades que los llevaron al poder.

Es posible caracterizar esquemáticamente las partes de las confrontaciones que se han dado en el campo de la izquierda, o más ampliamente en el campo anticapitalista, a propósito de los gobiernos llamados progresistas, en los siguientes términos. Por un lado, quienes, principalmente en la izquierda partidista –por lo menos para la primera etapa de los procesos de cambio– le han otorgado prioridad en las agendas de transformación al antiimperialismo, al rechazo a las políticas económicas del neoliberalismo, a la recuperación del Estado, a la soberanía nacional, la superación a corto plazo de la pobreza/desigualdad y al crecimiento económico. Tienden en general a tener una visión poco problematizadora en torno a asuntos como el patriarcado, la interculturalidad, las autonomías territoriales o las implicaciones estratégicas de un modelo productivo centrado en el extractivismo.

Por el otro, una variedad de perspectivas plurales, no-estatales que, sin desconocer la importancia de todo lo anterior, afirman la necesidad de confrontar igualmente, y en forma simultánea, el racismo, el patriarcado, la colonialidad y el antropocentrismo característicos de la modernidad colonial. Con una amplia gama de variantes, sin negar la importancia del Estado en el sistema-mundo contemporáneo, rechazan el estadocentrismo, sin obviar los complejos retos de la acción política que pueda darse dentro, al lado y en contra del Estado. Asumen que, si no se detienen a muy corto plazo las dinámicas de destrucción de la vida en el planeta y de la amplia gama de culturas que caracterizan a la humanidad, ninguna transformación será posible. Desde estas perspectivas se asume que los instrumentos teóricos y las políticas que en el siglo pasado parecían suficientes para enfrentar al capitalismo, centrados en perspectivas de clase, las formas de propiedad, y el papel rector del Estado, ya no son suficientes para el mundo en que vivimos. Hoy tenemos que confrontarnos no sólo a las formas de dominación económica y política del capitalismo, sino igualmente a la geocultura de la modernidad. Se trata de retos propiamente civilizatorios y, por ello, mucho más exigentes: un sistema global patriarcal que está aceleradamente destruyendo tanto las condiciones materiales que hacen posible la vida en el planeta, como la extraordinaria diversidad de las memorias y culturas de los pueblos que lo habitan. Se tienen miradas radicalmente críticas en torno a la posibilidad de que la acentuación del modelo extractivista pueda considerarse como una vía para superar al capitalismo.

En estas oposiciones hay igualmente diferencias profundas en torno a los agentes de los procesos de transformación. En el primer bloque se le asigna una clara prioridad al Estado como agente rector de los procesos de cambio y al partido como herramienta disciplinadora/electoral que garantiza la permanencia en el gobierno, mientras para el otro bloque, las transformaciones requeridas pasan prioritariamente por movimientos y organizaciones sociales, pueblos y comunidades, por las múltiples expresiones del tejido de la sociedad, por cambios culturales.

Estas divergencias en las interpretaciones de los procesos políticos de estos años han conllevado igualmente a una profunda división en el campo de la academia latinoamericana.

Los gobiernos "progresistas" y sus defensores argumentan que es (o era) necesario aprovechar el contexto de la elevada demanda y precio de los *commodities,* para acumular los recursos requeridos con el fin de realizar las inversiones sociales, productivas y de infraestructura que permitiesen, en una fase posterior, superar el extractivismo. Ello pasaría, necesariamente, por un mayor control estatal sobre la explotación de las materias primas, ya sea mediante nacionalizaciones o mayores cargas impositivas, para lograr una mayor participación en la renta que antes había tenido a las corporaciones transnacionales como principales beneficiarias.[30]

El socialismo del siglo XXI

Cuando el proceso bolivariano es declarado por el presidente Hugo Chávez como socialista en el Foro Social Mundial de Porto Alegre en enero de 2005, esto se hace, en lo fundamental, sin memoria ni conciencia histórica (Lander 2018). No se debaten los grandes temas que habían conducido al fracaso del socialismo del siglo XX como alternativa al capitalismo y al patrón civilizatorio hegemónico que fueron señalados al inicio de este trabajo: antropocentrismo, eurocentrismo, su carácter universalista monocultural, patriarcado, fe ciega en el progreso y en las llamadas fuerzas productivas del capitalismo, ni tampoco las tendencias al autoritarismo que llevaron al estalinismo. Los sustanciosos debates realizados en Venezuela en décadas anteriores fueron olvidados porque

30 Dados los objetivos más limitados de este texto, con énfasis en las políticas de los gobiernos progresistas ante los retos de la crisis civilizatoria, se optó por no intentar realizar una caracterización de la amplia y heterogénea diversidad de movimientos y posturas que hoy constituyen el ámbito anti capitalista plural no estadocéntrico.

había desaparecido la idea de socialismo del horizonte político, porque sus protagonistas habían muerto, alejado de la política o adoptado posturas neoliberales. Las publicaciones que recogían estos debates no se reeditaron y/o dejaron de circular.

Al adjetivarse como "del siglo XXI", parecía estarse afirmando que este nuevo proyecto de sociedad no sería similar a la experiencia del socialismo del siglo XX, en particular a la experiencia soviética. Sin embargo, en la medida en que no se dio un debate crítico sobre estas experiencias, no se reflexionó sobre si era posible deslastrar a este proyecto de cambio de su pesada herencia, su anclaje en las concepciones y prácticas del socialismo que realmente existió. En ausencia de la voluntad y/o capacidad para abordar estas vitales cuestiones, no era posible pensar que el socialismo del siglo XXI podía diferenciarse significativamente del socialismo del siglo XX. A los jóvenes que se incorporaron con entusiasmo a este proyecto político en la primera década del siglo XXI, la idea del socialismo les llegó incontaminada, sólo como promesa de futuro, sin carga histórica alguna.

Una señal preocupante de que la propuesta de socialismo del siglo XXI no parecía haber aprendido mucho de la experiencia del socialismo soviético, se dio en el momento en que Chávez llamó a la conformación de un partido único en el año 2006. Anunció Chávez que, para avanzar en este proceso de construcción del socialismo, era indispensable superar el fraccionamiento político organizativo existente entre las fuerzas que formaban parte del gobierno. Con este fin, anunció que era necesario conformar con éstas un partido único. Sugirió como nombre el Partido Socialista Unido de Venezuela, el PSUV (Chávez Frías 2006), y que se adoptaría la estructura jerárquica del denominado centralismo democrático como su principio organizativo, "entendido éste como la subordinación del conjunto de la organización a la dirección; la subordinación de todos los militantes a sus organismos; la subordinación de los organismos inferiores a los superiores; la subordinación de la minoría a la mayoría[...]" (PSUV 2009). En ausencia total de debates sobre la experiencia histórica de los partidos únicos en los regímenes socialistas, a partir de su creación, comenzó la fusión entre Estado y partido.

El Foro de Sao Paulo

Esta renovada ortodoxia socialista no se limita a Venezuela. Su expresión más sistemática, coherente y representativa está registrada en las declaraciones y documentos del Foro de Sao Paulo, un espacio de convergencia partidista fundado por iniciativa del Partido de los Trabajadores (PT) brasileño en Sao Paulo en 1990, que hoy en día agrupa a la gran mayoría de las organizaciones políticas que se definen como de izquierda en toda América Latina. Aunque no es una estructura orgánica vertical con capacidad de impulsar y/o imponer políticas comunes a sus organizaciones participantes, ni ha tenido en ningún momento el tipo de incidencia política del Comintern en tiempos de Lenin y Stalin, es muy abarcante el número de partidos y organizaciones políticas que pertenecen a este Foro, organizaciones que incluso suelen tener diferencias políticas al interior de sus respectivos países. A nombre de todas ellas se formulan las sucesivas declaraciones que producen los encuentros anuales en diferentes partes del continente desde su fundación. En estas declaraciones, además de una reafirmación de principios, se da un pronunciamiento en relación a los asuntos más relevantes de la coyuntura.[31] El Foro de Sao Paulo se asume como

[31] De acuerdo con la página web del Foro de Sao Paulo, las siguientes son las organizaciones que lo integran. Argentina: Frente Grande, Frente Transversal Nacional y Popular, Movimiento Evita, Movimiento Libres del Sur, Partido Comunista, Partido Comunista -Congreso Extraordinario, Partido Humanista, Partido Intransigente, Partido Obrero Revolucionario-Posadista, Partido Socialista, Partido Solidario, Unión de Militantes por el Socialismo. Aruba: Partido Red Democrática. Barbados: Partido del Empoderamiento del Pueblo. Bolivia: Movimiento al Socialismo, Movimiento Bolivia Libre, Partido Comunista de Bolivia. Brasil: Partido Democrático Trabalhista, Partido Comunista del Brasil, Partido Comunista Brasileiro, Partido Patria Libre, Partido Popular Socialista, Partido Socialista Brasileiro, Partido de los Trabajadores (pt). Chile: Izquierda Ciudadana, Movimiento Amplio Social, Movimiento de Izquierda Revolucionaria, Partido Comunista, Partido Humanista, Partido Socialista, Partido del Socialismo Allendista, Revolución Democrática. Colombia: Marcha Patriótica, Movimiento Progresista, Partido Alianza Verde, Partido Comunista Colombiano, Polo Democrático Alternativo, Presentes por el Socialismo, Unión Patriótica, Movimiento Poder Ciudadano. Costa Rica: Partido Frente

"[...] la convergencia de partidos y movimientos políticos de todo el espectro de la izquierda; protagonistas de las más diversas formas de lucha." El Foro de Sao Paulo define la lucha contra el imperialismo como su principal punto de acuerdo. "Dentro de nuestra pluralidad y diversidad, los partidos y movimientos políticos miembros del Foro de Sao Paulo coinciden en la lucha contra el imperialismo, que en las dos últimas décadas del siglo xx adoptó la forma del capitalismo neolibe-

Amplio, Partido Vanguardia Popular-Partido Comunista. Cuba: Partido Comunista de Cuba. Curazao: Partido Pueblo Soberano. Ecuador: Movimiento de Unidad Plurinacional Pachakutik-Nuevo País, Movimiento Alianza pais, Movimiento Popular Democrático, Partido Comunista del Ecuador, Partido Comunista Marxista-Leninista del Ecuador, Partido Socialista-Frente Amplio, Partido Comunista Ecuatoriano. El Salvador: Frente Farabundo Martí para la Liberación Nacional. Guatemala: Convergencia, cpo-crd, Movimiento Político Winaq, Unidad Revolucionaria Nacional Guatemalteca. Haití: Organización del Pueblo en Lucha. Honduras: Partido Libertad y Refundación-libre. Martinica: Partido Comunista por la Independencia y el Socialismo, Consejo Nacional de Comités Populares. México: Partido de la Revolución Democrática, Partido del Trabajo, morena. Nicaragua: Frente Sandinista de Liberación Nacional. Panamá: Partido del Pueblo, Partido Revolucionario Democrático, Frente Amplio por la Democracia. Paraguay: Frente Guasú, Partido Comunista Paraguayo, Partido Convergencia Popular Socialista, Partido del Movimiento Patriótico Popular, Partido del Movimiento al Socialismo, Partido País Solidario, Partido de la Participacion Ciudadana, Partido Popular Tekojoja. Perú: Ciudadanos por el Cambio, Partido Comunista del Perú-Patria Roja, Partido Comunista Peruano, Partido Nacionalista del Perú, Partido del Pueblo, Partido Socialista del Perú, Tierra y Libertad. Puerto Rico: Frente Socialista, Movimiento Independentista Nacional Hostosiano, Partido Nacionalista de Puerto Rico. República Dominicana: Alianza por la Democracia, Fuerza de la Revolución, Movimiento Izquierda Unida, Partido Alianza País, Partido Movimiento Patria para Tod@s, Partido Comunista del Trabajo, Partido de la Liberación Dominicana, Partido de los Trabajadores Dominicanos, Partido Revolucionario Dominicano, Partido Revolucionario Moderno. Trinidad y Tobago: Movimiento por la Justicia Social. Uruguay: Asamblea Uruguay, Compromiso Frenteamplista, Frente Amplio, Movimiento 26 de Marzo, Movimiento de Liberación Nacional Tupamaros, Movimiento de Participación Popular, Movimiento Popular Frenteamplista, Partido Comunista del Uruguay, Partido Obrero Revolucionario Troskista-Posadista, Partido por la Victoria del Pueblo, Partido Socialista de los Trabajadores, Partido Socialista del Uruguay, Vertiente Artiguista: Venezuela: Liga Socialista, Movimiento Electoral del Pueblo, Partido Comunista de Venezuela, Partido Socialista Unido de Venezuela, Patria para Todos.

ral." (Foro de Sao Paulo 2000) Constituye este Foro la expresión más clara de lo que podría denominarse una izquierda "oficial", de Estado, de partido, en América Latina.

Perspectivas del Foro de Sao Paulo sobre el mundo actual

Un primer asunto crítico de las perspectivas de esta izquierda y sus posturas en relación a los denominados gobiernos progresistas tiene que ver con la caracterización del contexto global en el cual operan éstos. ¿Cómo se articulan los retos civilizatorios que han sido caracterizados en este texto con el aquí y el ahora de la realidad geopolítica al interior de la cual se opera? Es ésta una izquierda que parece permanecer anclada en los tiempos de la Guerra Fría, que ve al mundo través de visiones reduccionistamente articuladas en torno a un eje central, el de las confrontaciones entre imperialismo/antiimperialismo, identificando al imperialismo con los Estados Unidos y sus aliados europeos. Opera una sobredeterminación de la geopolítica sobre las otras dimensiones de la realidad,[32] lo que lleva a invisibilizar o ignorar, por ejemplo, los fuertes conflictos socioambientales internos que se dan por la intensificación progresista del extractivismo.

El asunto más urgente que enfrenta la humanidad en nuestro tiempo, la necesidad de ponerle freno a un crecimiento sin fin en un planeta limitado y la realidad de las transformaciones climáticas que están destruyendo las condiciones de reproducción de la vida en el planeta, o no es abordado, o lo es sólo en términos de referencias genéricas que parecen destinadas sólo a cumplir con la exigencia de ser políticamente correctos. En condiciones planetarias límite en que, como se ha señala-

32 El análisis que se presenta a continuación se basa en las declaraciones finales de las reuniones que ha realizado en Foro de Sao Paulo desde el inicio de la era del progresismo en América Latina (2000-2018).

do en la primera parte de este texto, es indispensable reducir drásticamente las emisiones de gases de efecto invernadero a muy corto plazo para evitar transformaciones climáticas que pongan en peligro la vida tal como la conocemos, no aparece en las declaraciones anuales del Foro de Sao Paulo preocupación alguna, por ejemplo, a propósito del hecho de que en el *Plan de la Patria* presentado por Chávez en el año 2012 se ofreciese duplicar la producción petrolera del país de tres a seis millones de barriles diarios para el año 2019. Siendo el neo desarrollismo y extractivismo, con sus consecuencias para el cambio climático, el impacto sobre territorios de pueblos indígenas y campesinos, la afectación del agua, la deforestación, la destrucción de la biodiversidad, así como sus impactos directos sobre el ejercicio de los derechos democráticos, el reto civilizatorio principal de nuestra época y el asunto que ha generado mayores conflictos y luchas de resistencia en el continente en las últimas dos décadas, la izquierda oficial latinoamericana se limita a afirmaciones de carácter genérico, teniendo cuidado de no cuestionar las políticas de los gobiernos progresistas:

> Hoy el planeta se ve amenazado por el profundo deterioro del medio ambiente y el cambio climático, producto de la explotación salvaje de los recursos naturales. Sin embargo, los países industrializados se niegan a tomar las medidas acordadas en foros internacionales que impidan continuar por el camino del desastre. (Foro de Sao Paulo 2008)
>
> La crisis ambiental es parte integrante de la crisis capitalista. La defensa del medio ambiente debe tomar en cuenta los intereses de los trabajadores, la sustentabilidad y la soberanía nacional pues la derecha y el imperialismo han utilizado la bandera ambiental para atacar a los gobiernos de izquierda en América Latina y Caribe (Foro de Sao Paulo 2013).
>
> El FSP lucha por defender el medio ambiente, los recursos naturales, los mares, los bosques y el agua. Asimismo, lucha contra los desastrosos impactos del incremento de los gases de efecto invernadero, en camino hacia la COP 20 en Lima en diciembre de 2014 y la COP 21 en París en diciembre de 2015 sobre cambio climático, buscando

> un acuerdo global que lo mitigue, además de impulsar una economía y cultura productiva sostenible, sustentable, renovable, con prácticas solidarias y de Vivir Bien, combatiendo el tipo de economías primario exportadoras sometidas al mercado mundial (Foro de Sao Paulo 2014).

De estas declaraciones sobre el cambio climático y sobre las economías primario exportadoras, se puede destacar lo siguiente. En primer lugar, la responsabilidad la tienen otros, "los países industrializados se niegan a tomar las medidas acordadas en foros internacionales que impidan continuar por el camino del desastre." Se ignora por completo el hecho de que la profundización de las políticas extractivistas impulsadas por todos los gobiernos progresistas, lejos de contribuir a frenar "el camino al desastre", han contribuido activamente a acelerarlo. En segundo lugar, tal como ha aparecido en forma reiterada en discursos gubernamentales a propósito de los señalamientos críticos que se han formulado a sus políticas extractivistas, especialmente por parte de reconocidas organizaciones ambientales internacionales, consideran que de lo que se trata es de que "el imperialismo ha utilizado la bandera ambiental para atacar a los gobiernos de izquierda en América Latina y el Caribe". En tercer lugar, se habla de la necesidad de superar "el tipo de economías primario-exportadoras sometidas al mercado mundial, pero no se reconoce que estos gobiernos "progresistas", "amigos", todos sin excepción, han profundizado estas políticas.

El Canal de Nicaragua es celebrado, a pesar de la amplia resistencia que éste ha enfrentado en dicho país, especialmente por parte de los campesinos afectados. Desde una perspectiva que le da plena prioridad al desarrollismo, se afirma que "un sostenido crecimiento económico [...] tendrá su consolidación sustancial con la construcción y puesta en marcha del canal interoceánico (Foro de Sao Paulo 2014).

Al mismo tiempo, en las declaraciones anuales del Foro de Sao Paulo no se hace referencia alguna a los grandes y emblemáticos proyectos desarrollistas/extractivistas que han sido focos importantes de las resistencias populares en contra de políticas de los gobiernos progresistas entre los cuales destacan: *fracking* en Vaca Muerta en Argentina, la represa de Belo Monte en la Amazonía brasileña, la carretera del Tipnis en Bolivia, la decisión de explotar las reservas de petróleo del Yasuní en Ecuador y el Arco Minero del Orinoco en Venezuela. Parece que estuvieran hablando de otro continente y que se esforzaran por ignorar los sujetos colectivos de las luchas sociales recientes más vigorosas de América Latina como referentes de transformación social.

En ausencia de una reflexión integral sobre el significado del patriarcado, el enfrentamiento a éste parece estar acotado a problemas que, sin dejar de ser importantes, no dan cuenta de la compleja gama de asuntos que están en juego en el patriarcado. Los temas que se destacan son: la equidad entre hombres y mujeres en el trabajo y en la función pública y la violencia contra las mujeres, así como el acoso sexual.

> La violencia también ha golpeado a las mujeres, las cuales son objeto de feminicidios, violencia doméstica, acoso sexual, violencia laboral y agresiones de las tropas agresoras y los gobiernos títeres. Nos pronunciamos por la erradicación de la violencia contra la mujer.
>
> [...] es necesario seguir desarrollando la lucha de la mujer para vencer prácticas e ideologías sexistas que incluso en el seno de nuestras organizaciones y partidos siguen subsistiendo como manifestaciones de discriminación que es necesario erradicar para una nueva relación entre los géneros en condiciones de igualdad de oportunidades (Foro de Sao Paulo 2000).
>
> Un nuevo modelo económico y social alternativo al neoliberal que rompa y supere el sistema capitalista, debe contener un atributo imprescindible: el rompimiento con los aun existentes sistemas patriarcales de organización social y política. En ese marco el FSP se compromete con la igualdad plena de todas las personas y demanda la garantía de sus Derechos Humanos independientemente de su género, orientación sexual e identidad de género (Foro de Sao Paulo 2009).
>
> Los miembros de los partidos del FSP reconocemos que para lograr una sociedad verdaderamente justa y equitativa es imprescindible la presencia y participación de las mujeres en los diferentes sectores de la sociedad. Es necesario modificar los roles y patrones

> tradicionales que han sido asignados y asumidos históricamente de forma diferente por hombres y mujeres, desde una perspectiva despatriarcalizadora; deben crearse las condiciones para la emancipación total de la mujer que destierre las bases de la discriminación y la violencia contra la mujer y elimine las brechas de género que aún subsisten al interior de nuestros países. Las políticas y estrategias de nuestros partidos deben asegurar de jure y de facto el empoderamiento de las mujeres en condiciones de igualdad, con paridad de participación, tanto en el ámbito público como en el privado. Continúa siendo un desafío para los partidos de izquierda y revolucionarios el reconocimiento de la agenda feminista como un eje transversal de la incorporación de la agenda de las mujeres y de un correcto enfoque de género en las políticas, programas y acciones que se diseñan en la lucha contra la derecha, el capitalismo opresor, depredador y patriarcal, y la contraofensiva imperial de estos tiempos (Foro de Sao Paulo 2015).

En ninguno de estos documentos se mencionan asuntos tan esenciales para combatir al patriarcado como la soberanía de las mujeres sobre su propio cuerpo, las implicaciones de las arremetidas fundamentalistas en contra de las llamadas "ideologías de género", los derechos LGTB, ni los impactos diferenciados que tienen las políticas extractivistas sobre las mujeres. Tampoco aparece preocupación alguna sobre la medida en que los liderazgos e hiperliderazgos que han surgido en el continente refuercen, en los hechos, los patrones culturales patriarcales en el conjunto de la sociedad.

Las declaraciones del Foro celebran reiteradamente la creación de organismos de integración latinoamericana. Sin embargo, no hay referencia alguna al hecho de que las orientaciones extractivistas y primario exportadoras de todos los gobiernos progresistas bloquean, como se argumentó en la parte II de este texto, las posibilidades de la integración productiva del continente, ya que pusieron a competir a los países entre sí de cara al mercado mundial. Tampoco se reflexiona sobre la extraordinaria vulnerabilidad implicada por la dependencia de las inevitables fluctuaciones de los precios de los *commodities* en el mercado internacional.

Cuando el PT e Inácio Lula da Silva ganaron las elecciones en el año 2002, el Foro de Sao Paulo destacó como aspecto central el hecho de que se trataba de un triunfo moral contra la corrupción, "un punto de encuentro entre ética y política".

En Brasil, la esperanza venció al temor y permitió una victoria del "sí se puede" contra el pensamiento único. Fue un triunfo moral contra la corrupción, un punto de encuentro entre la ética y la política, una voluntad de cambio que llegó a todos los confines de ese inmenso país y se irradia a América Latina y El Caribe, abriendo perspectivas esperanzadoras a las luchas políticas y sociales que nuestros pueblos están llevando adelante contra las consecuencias nefastas de las políticas neoliberales, agravadas en el último período (Foro de Sao Paulo 2002).

Tres años más tarde se destaca "el combate implacable a la corrupción por parte de los gobiernos de Lula" (Foro de Sao Paulo 2005)

Sin embargo, esta superioridad moral de la izquierda que se reivindicaba, este encuentro entre ética y política, comenzó a hacer aguas cuando la corrupción ocurre, en escalas variables, en todos los gobiernos progresistas, destacándose por sus dimensiones las prácticas corruptas en las empresas Petrobras y Odebrecht de Brasil, con impactos mucho más allá de sus fronteras, y la masiva corrupción que ha caracterizado a los gobiernos de Ortega-Murillo y al de Maduro. En los documentos del Foro de Sao Paulo, lejos de hacer llamados de atención y exigencias de que se tomen medidas drásticas al respecto, lejos de indagar sobre sus causas, de plantearse la corrupción como un serio reto que tiene que ser enfrentado por los gobiernos de izquierda, lo colocan en un segundo plano. Las acusaciones al respecto son negadas, o atribuidas a intentos desestabilizadores de la derecha o el imperialismo. Para lavarle la cara al PT, la corrupción de la semiestatal Petrobras es atribuida a "funcionarios de carrera" de esta empresa. No parece ser un asunto que requiera mayor indagación, ya que parecería que está en la naturaleza de la izquierda el ser honesta. Se ratifica en el año 2016 lo que se había declarado cuando Lula ganó las elecciones catorce años antes: La "izquierda impulsa la transparencia, la honradez en el uso y manejo de los recursos públicos" (Foro de Sao Paulo 2016). La pretensión de esta izquierda de representar la ética y la moral, que se mantiene intocada después de todos los escándalos, ha contribuido a desacreditarla profundamente ante la población y ha facilitado el retorno de la derecha. Esta doble moral y el doble discurso están socavando una dimensión esencial de lo que la izquierda podía pretender que fuese su legado específico.

La primacía de la geopolítica

Son muchas las distorsiones que se dan como consecuencia de la primacía de la geopolítica. Se opera sobre la base de una visión maniquea de la realidad: los buenos y los malos. Al seguir identificando imperialismo únicamente con los Estados Unidos, queda poco margen para el reconocimiento de los profundos reacomodos que se han dado en el sistema mundo en las últimas décadas, en particular la emergencia de China como potencia imperial. En consecuencia, se identifica como amigo o aliado a todo el que tenga prácticas o (principalmente) discursos de enfrentamiento a los Estados Unidos. Gobiernos dictatoriales capaces de masacrar en gran escala a sus poblaciones con tal de permanecer en el poder, como ha sido el caso de Bashar Háfez al-Ásad en Siria, o el autoritarismo patriarcal existente en la República Islámica de Irán, los regímenes capitalistas autoritarios de China, Rusia, Bielorrusia son defendidos o asumidos implícitamente como aliados antiimperialistas. Las extraordinarias revueltas populares antidictatoriales de las revoluciones árabes fueron vistas con sospecha, fueron casi inexistentes las expresiones de solidaridad.

El rol de China como punto ciego

A partir de la primacía de esta mirada geopolítica centrada en Estados Unidos, en las disyuntivas que ha enfrentado la izquierda latinoamericana ante las experiencias de los gobiernos progresistas, parece haber un punto ciego en lo referido a lo que está significando la creciente presencia china en el continente.

Dejando atrás los imaginarios del socialismo y de la Revolución Cultural, y a pesar del férreo control político que sigue ejerciendo el Partido Comunista, China es hoy un país no sólo capitalista, sino imperialista que reproduce las relaciones clásicas entre centro y periferia de los viejos imperios. Ha sido durante las últimas dos décadas el motor más dinámico del proceso de acumulación de capital a escala global.[33] Esta dinámica queda claramente ilustrada por la rápida emergencia de multi mil-millonarios en China en los últimos años. Hace doce años había en China 16 multi mil-millonarios, para el año 2017 esta cifra había subido a 373, la quinta parte de los mil-millonarios del mundo. Durante el año 2017 se crearon dos multi mil-millonarios por semana. Sólo en ese año, su riqueza se incrementó en un 39%, para elevarse a 1,12 billones de dólares (Widrig 2018).

El acelerado crecimiento de base industrial de las últimas cuatro décadas ha generado una extraordinaria demanda de bienes primarios, minerales, energéticos y agro-forestales, incrementándose masivamente las necesidades de importación de éstos, principalmente de África y América Latina. Hoy, China es el primer o segundo socio comercial de la mayoría de los países sudamericanos. Es China, de lejos, la principal fuente de inversiones y de financiamiento externo. Esas relaciones han sido determinantes en el fortalecimiento de la inserción colonial primario exportadora de América Latina en la división internacional del trabajo y la naturaleza. Han sido el motor fundamental de la profundi-

33 "En 2015, fue el principal productor mundial de manufacturas, el mayor exportador de bienes y el segundo importador de bienes y servicios. Actualmente, es el origen de una cuarta parte de la producción mundial de bienes manufactureros (CEPAL 2016).

zación del modelo extractivista exportador de naturaleza tanto en países con gobiernos "revolucionarios", "reformistas", como neoliberales. De acuerdo con la CEPAL:

> [...] sólo cinco productos, todos primarios, representaron el 69% del valor de los envíos regionales a China en 2015. La dinámica de la inversión extranjera directa china en la región refuerza este patrón, ya que casi el 90% de dicha inversión entre 2010 y 2015 se dirigió a las actividades extractivas, en particular la minería y la producción de hidrocarburos (CEPAL 2016).

El financiamiento chino no impone las condiciones de ajuste estructural característicos de los préstamos de las instituciones Bretton Woods, pero no son, de modo alguno, créditos sin condiciones. Están orientados fundamentalmente a garantizar su acceso a bienes primarios. Su financiamiento de infraestructura (puertos, ferrocarriles, represas hidroeléctricas) está orientado a garantizar la explotación y exportación de estos bienes. En los casos de Venezuela y Ecuador, una elevada proporción de los créditos son pagaderos en petróleo, con lo que se consolida en el tiempo la economía petrolera-rentista en estos países.

Como ha sido ampliamente documentado, el comportamiento de las transnacionales chinas, públicas o privadas, no se diferencia de las estadounidenses en sus relaciones laborales o su respeto al ambiente. (Federación Internacional de Derechos Humanos y otros 2018). Estas modalidades de relación, lejos de contribuir al logro de los horizontes utópicos recogidos en las constituciones de estos países, los han obstaculizado. China ha demostrado, más allá de la retórica, que lejos de ser un aliado solidario de procesos de cambio, opera dándole prioridad a sus intereses económicos y geopolíticos, independientemente de la orientación política de los gobiernos con los cuales negocia. La resistencia a los avances de los procesos de acumulación por desposesión de las empresas chinas ha sido más difícil porque, a diferencia de las transnacionales de origen estadounidense y europeo, cuyo comportamiento es ampliamente conocido, ha tomado bastante tiempo para reconocer comportamientos similares por parte de estas nuevas empresas de un país "amigo".

En sus declaraciones, el Foro de Sao Paulo reconoce en teoría los riesgos de sustituir a los Estados Unidos por China para continuar con el mismo modelo primario exportador:

> En un primer momento, debemos evitar dos errores. El primero sería perder de vista que el principal problema en América Latina y Caribe sigue siendo la hegemonía económica y política de Estados Unidos y sus aliados europeos. Y cambiar el modelo, incluso las influencias neoliberales, es la única manera segura de evitar los riesgos de una reprimarización latinoamericana. El otro error sería no percibir los riesgos de convertir a la región latinoamericana en exportadora exclusiva de materia prima. Esa situación puede llevar a una pura y simple sustitución de EUA por China, en nuestras relaciones comerciales (Foro de Sao Paulo 2000).

Sin embargo, en la medida en que, como resultado de decisiones tomadas por estos gobiernos ese riesgo se convierte en una realidad que profundiza la inserción colonial de estas economías en el mercado mundial, no se produce ningún cuestionamiento de estas políticas.

Perspectivas dicotómicas sobre la ética política

Esta izquierda participante en el Foro de Sao Paulo parece tener unos lentes para mirar y evaluar lo que ocurre en los países con gobiernos conservadores, de derecha o neoliberales, y otros para mirar y evaluar lo que ocurre en países con gobiernos "amigos". En su caracterización de los gobiernos progresistas parece haber una suspensión del juicio ético. Políticas gubernamentales que desde la izquierda habían sido siempre denunciadas y enfrentadas como burguesas, antipopulares y al servicio de intereses externos, parece que adquiriesen otro sentido si son llevadas a cabo por gobiernos progresistas. En este maniqueísmo amigo-enemigo, el significado de las políticas no parece depender del contenido mismo de éstas, sino de quienes las implementan y del discurso con que estén acompañadas. Se denuncia "al militarismo y a la criminalización de la protesta social" llevada cabo por los gobiernos de derecha (Foro de Sao Paulo 2009), pero nada se dice sobre la criminalización de la protesta en los gobiernos progresistas o sobre la creciente militarización de la sociedad venezolana.

La entrega de los territorios y sus bienes naturales a las transnacionales que había sido considerado como una subordinación al capital global, se convierte en una política aceptable cuando es parte de los programas de gobiernos progresistas que se legitiman a nombre del incremento del gasto público para mejorar las condiciones de vida de la población.

Parecería además que las políticas de apertura a las inversiones extranjeras y las normas jurídicas de protección de estas inversiones, que fueron enfrentadas con tanta radicalidad en su formato ALCA, dejan de ser problemáticas en este nuevo contexto. Las restricciones a la libertad de prensa, el control de los medios y la persecución de periodistas dejan de ser vistos como autoritarias y pasan a ser reinterpretadas como la defensa de conquistas populares. La represión de las luchas, resistencias y movilizaciones populares, la judicialización y criminalización de éstas, la aplicación de leyes antiterroristas, e incluso el sometimiento de activistas populares a la jurisdicción militar, no parecen generar mayores preocupaciones, si todo esto se enmarca en un discurso de defensa de la patria, o de la Revolución, ante la "acción subversiva de agentes del imperialismo". La idea de Revolución, de que se está cambiando radicalmente el mundo a favor de los condenados de la Tierra, de que se está actuando desde el bien, en contra del mal, ha terminado operando como un dispositivo maquiavélico en el que el fin justifica los medios.

La solidaridad que es entendida y practicada como solidaridad acrítica incondicional con los gobiernos, no con los pueblos, no puede tener sino consecuencias perversas. El chantaje de no darle armas al enemigo y contribuir a fortalecer a la derecha, anula el pensamiento crítico, niega y oculta los problemas hasta que ya no es posible enfrentarlos. Al no asumir que se trata de una misma lucha por transcender al capitalismo en la cual cada quien tiene su responsabilidad, se sacan del debate las dificultades y obstáculos que se enfrentan, con lo cual no se puede aprender de la experiencia de una lucha para alimentar otras luchas. Al apoyar en forma incondicional a los gobiernos "amigos", se está no sólo apoyando, sino fortaleciendo y consolidando también los aspectos más negativos de los procesos de cambio, al darles la legitimidad de la izquierda internacional.

Un ejemplo claro de esa modalidad de solidaridad fueron los sucesivos encuentros de la *Red de intelectuales y artistas en defensa de la humanidad* en Caracas a partir del año 2004. En lugar de aprovechar la extraordinaria oportunidad de un encuentro de figuras políticas e intelectuales de izquierda de diferentes partes del mundo para reflexionar y debatir los complejos retos y obstáculos que necesariamente se presentan en cualquier intento de cambio anticapitalista, para compartir dificultades y experiencias, y de esa forma enriquecer al proceso bolivariano con reflexiones de otras partes del mundo, estos encuentros se limitaron al apoyo incondicional del proceso bolivariano y la celebración/exaltación de la figura de Chávez. Se denunciaban las amenazas externas y de la oposición de derecha, pero no hubo miradas críticas sobre las limitaciones internas del propio proceso, incluso las más evidentes. Ante ese aparente consenso de la izquierda internacional de acuerdo con el cual todo estaba marchando tan bien, se confirmaba una y otra vez que se iba por buen camino y que no había necesidad de posibles rectificaciones.

Lejos de sacar aprendizajes de las experiencias históricas del culto a la personalidad, se participó activamente en promoverlo. Tampoco se señaló, por ejemplo, hacia dónde inevitablemente conduciría la acentuación de la dependencia rentista del petróleo. Esto no fue por falta de información, o porque Venezuela fuese una experiencia única de petro-estado, sino por la concepción que se tenía de lo que era la solidaridad.

Si se hubiese tenido la disposición, ¿el valor?, de haber debatido francamente sobre la experiencia cubana, dado el extraordinario peso que fue teniendo Cuba como modelo a seguir por parte del proceso bolivariano, se hubiese podido reflexionar críticamente sobre la inviabilidad, tanto económica como política, de la pretensión de dirigir al conjunto de la sociedad desde el Estado-partido. Después de décadas de este modelo era evidente que en Cuba esto generaba extraordinarias ineficiencias, e inhibía iniciativas y posibilidades de experimentación individual y colectiva en otras formas de abordar la producción de la vida más allá del férreo control estatal. Las distorsiones que generaba este modelo de control condujeron a la creación generalizada de rebusques alternativos, modalidades de privatización de lo común para resolver el día a día, para tener acceso a bienes al margen de los canales institucionales oficiales. Esto es, en términos de las normas jurídicas establecidas: corrupción. Si más allá de la denuncia del bloqueo estadounidense se hubiese reflexionado críticamente sobre los logros y limitaciones internas de esta experiencia, quizás la dirigencia política del proceso bolivariano hubiese estado más dispuesta a asumir los retos de experimentación con opciones de organización de la producción más allá de la oposición maniquea entre Estado y mercado, y se hubiese evitado la identificación mecánica de socialismo con estatismo. Esto condujo a la estatización de amplios sectores de la economía venezolana que, como consecuencia de una precaria capacidad de gestión y altos niveles de corrupción, contribuyó en una forma tan central al desmantelamiento del aparato productivo y a la severa crisis económica y humanitaria que está viviendo el país desde el año 2014.

Consecuencia de esta misma lógica de incondicionalidad acrítica, la izquierda latinoamericana tiene una responsabilidad histórica en relación con la situación de Cuba hoy. Durante muchos años se asumió que mientras estuviese en vigencia el bloqueo norteamericano, no se podía criticar a Cuba. Ese no reflexionar críticamente sobre Cuba, en un momento histórico en el cual el colapso del bloque soviético abría nuevas interrogantes sobre las alternativas a ese modelo fracasado, tuvo un efecto *boomerang*. Implicó la renuncia a la posibilidad de reflexionar críticamente sobre el proceso que vivía la sociedad cubana para contribuir a enriquecer lo que era un limitado debate público al interior de Cuba. Una elevada proporción de la población cubana sentía que la sociedad había llegado a una especie de callejón sin salida y que hacía falta explorar alternativas, no necesariamente una reapertura a la hegemonía de las relaciones mercantiles. Pero esa inquietud no encontraba canales de expresión en el sistema político cubano. Y también afuera, la izquierda latinoamericana abdicó de su responsabilidad, se desentendió. No aportó nada, se limitó a una solidaridad incondicional con el gobierno y partido cubanos. Esto, a su vez, contribuyó a bloquear las posibilidades de reflexión y experimentación sobre otras alternativas al interior de Cuba. El proceso de elaboración y debate de una nueva constitución en el año 2018 se hace sobre un piso más incipiente y con opciones más restringidas que si esos debates y experimentaciones sobre alternativas más allá del Estado-partido hubiesen comenzado muchos años atrás. Hoy, como en China y Vietnam, avanzan en Cuba las relaciones capitalistas creando nuevas y sustanciales desigualdades (Padura 2018).

Como en el caso de la Unión Soviética, en la época del *gulag*, la izquierda está abdicando su responsabilidad ética y política intelectual de buscar y decir la verdad. En aquella época, en forma consciente e informada, una parte importante de la intelectualidad y de la izquierda mundial, pero particularmente la europea, con diferentes argumentaciones (apoyar las luchas del pueblo soviético, no darle armas al imperialismo, no desmoralizar a las luchas del bando de la república en la guerra civil española), negaron sistemáticamente lo que estaba ocurriendo en la Unión Soviética, a pesar de que morían millones de personas. Las denuncias en este sentido eran rechazadas como propaganda imperial. La izquierda mundial, pero sobre todo la europea, pagó severamente por esto cuando Nikita Kruschev denunció los crímenes de Stalin en el XX Congreso del Partido Comunista de la Unión Soviética en el año 1956. Esto se acentuó con la caída del Muro de Berlín (1989) y el posterior derrumbe del bloque soviético. Han pasado muchas décadas, y aunque hubo una gran variedad de posturas dentro de las izquierdas en relación con el bloque soviético, en muchas partes del mundo las izquierdas siguen pagando por las consecuencias de no poder desasociarse claramente del autoritarismo de esa experiencia histórica.

Estamos presenciando hoy en América Latina dos experiencias dramáticas de fracaso de proyectos de cambio que habían generado grandes expectativas en todo el mundo: Nicaragua y Venezuela. La realidad de la transición de estos proyectos de cambio hasta la actual realidad de gobiernos autoritarios profundamente corrompidos, no ha sido incorporada en los análisis de amplios sectores de la izquierda. Lejos de buscar entender qué pasó en estos países y por qué pasó, e intentar sacar aprendizajes para fortalecer las luchas anticapitalistas, el discurso de la solidaridad incondicional permanece inalterado.

Nicaragua

El gobierno de Nicaragua, encabezado por la pareja Ortega-Murillo, hace años que dejó de ser un gobierno de izquierda, a pesar de la continuidad de su discurso radical y de haber seguido apareciendo en las fotos con los presidentes de los gobiernos progresistas del continente. Destacadas figuras históricas del sandinismo como Ernesto Cardenal, Mónica Baltodano, Alejandro Bendaña, Sergio Ramírez, Gioconda Belli, Julio López Campos y Carlos Tünnermann Bernheim, durante años han denunciado el carácter autoritario, corrupto y represivo de dicho gobierno. La hijastra de Ortega, Zoilamérica Narváez, lo ha acusado de continuado acoso sexual y violación. Pactó con los sectores más representativos de los antiguos opositores al sandinismo, la derecha partidista, el Consejo Superior de la Empresa Privada, y la jerarquía de la Iglesia católica. Llegó a un acuerdo nacional con el expresidente Arnoldo Alemán que permitió al gobierno, y a sus anteriores enemigos de la derecha, el control de todas las instituciones del Estado. Se han seguido las orientaciones del Fondo Monetario Internacional. Con votos favorables de los parlamentarios del Frente Sandinista de Liberación Nacional (FSLN), se aprobó tanto el Tratado de Libre Comercio con los Estados Unidos, como las leyes complementarias requeridas para cumplir con sus estipulaciones (Baltodano 2007). El acercamiento a la cúpula de la Iglesia católica y el cardenal Obando, se tradujo en cambios en la legislación referida al aborto. Desde el primer código penal de Nicaragua, en el año 1837, se había establecido en el país la despenalización del aborto terapéutico, cuando estuviese en riesgo la vida de la madre, excepción que se mantuvo a través de diversas modificaciones posteriores de dicho código. En el año 2007, con el pleno apoyo del gobierno de Ortega y su bancada parlamentaria, se aprueba un nuevo código penal en el cual se penaliza el aborto sin excepción alguna, aunque el embarazo sea el producto de una violación o esté en peligro la vida de la madre. Pasó en ese momento Nicaragua a ser uno de los cuatro países del mundo en que el aborto era ilegal sin excepciones. El Frente Sandinista de Liberación Nacional (FSLN) comienza a "actuar como partido confesional en donde prevalece un mensaje cargado de religiosidad, todos sus principales actos partidarios están presididos por un jerarca de la Iglesia católica" (Baltodano 2007). Del laicismo sandinista, se ha pasado al fundamentalismo religioso, y la instrumentalización política de la religión.

La dirección colectiva del Frente Sandinista de Liberación Nacional es sustituida por el control unipersonal de Daniel Ortega. En el año 2011, violando la constitución que prohibía la reelección presidencial en períodos continuos, mediante un proceso electoral fraudulento, Daniel Ortega, esta vez acompañado por su esposa Rosario Murillo como vicepresidenta, es reelecto como presidente de Nicaragua.

Son muy elevados los niveles de corrupción de la cúpula del gobierno, mucha de ésta asociada a recursos provenientes de Venezuela.

En una de las entregas de soberanía más extremas en la historia del continente, y al margen de todo debate público, el gobierno de Ortega-Murillo, después de una apresurada aprobación por el parlamento bajo su control, le concesionó una franja del territorio nacional desde el Pacífico hasta el Atlántico a un empresario de Hong Kong para la supuesta construcción de un canal interoceánico: el Gran Canal de Nicaragua. Autoriza igualmente la construcción de puertos, aeropuertos, hoteles y otras diversas actividades económicas. Esta concesión es por 50 años, prorrogable a 50 años más. Se trata de contratos confidenciales que no se han hecho públicos. Se construya o no el canal, se otorgó un extraordinario nivel de libertad a los dueños de la concesión para operar en ese territorio con limitada regulación estatal. De construirse el canal, algo que ya en el año 2018 parecía bastante dudoso, amenazaría con contaminar al Lago de Nicaragua, el reservorio de agua dulce más importante de toda Centramérica y desplazar a decenas de miles de campesinos. Se ha generado un amplio movimiento nacional de oposición al canal, encabezado por las comunidades campesinas que serían desplazadas de sus territorios. Estas luchas, así como las de las organizaciones de mujeres que han reivindicado la despenalización del aborto, han sido sistemáticamente reprimidas.

A partir del mes de abril del año 2018, ante masivas y continuadas movilizaciones populares contra el gobierno en todo el país, con la participación de estudiantes, campesinos y demás sectores sociales, el gobierno acusa a los manifestantes de ser terroristas y golpistas, de ser instrumentos del imperialismo, criminales, drogadictos, alcohólicos y "satanizados". Responde con una brutal represión por parte de la policía y grupos paramilitares con un saldo de centenares de muertes que ha sido ampliamente documentado.

¿Cómo responde la izquierda oficial latinoamericana ante las consignas de las calles de Managua "¡Daniel y Somoza son la misma cosa!"? El Foro de Sao Paulo ratifica su solidaridad incondicional con la "Revolución Sandinista". En realidad, más que solidaridad, se trata de una complicidad culposa.

> Rechazamos el injerencismo e intervencionismo extranjero del gobierno de Estados Unidos a través de sus agencias en Nicaragua, organizando y dirigiendo a la ultraderecha local para aplicar una vez más su conocida fórmula del mal llamado "golpe suave" para el derrocamiento de gobiernos que no responden a sus intereses, así como la actuación parcializada de los organismos internacionales subordinados a los designios del imperialismo, como es el caso de la Comisión Interamericana de Derechos Humanos (CIDH).
>
> Condenamos las acciones desestabilizadoras, violentas y terroristas de la derecha golpista que, conforme a la misma estrategia aplicada en otros países como Venezuela, pretende desconocer el orden constitucional de Nicaragua al fracasar su objetivo inicial de derrocar al gobierno sandinista presidido por el Comandante Daniel Ortega

Saavedra, que ha promovido el diálogo y el consenso como forma de superar la crisis planteada.

Denunciamos los graves actos de barbarie y violación a los derechos humanos cometidos por la derecha golpista y terrorista nicaragüense con la negación del derecho a la libre circulación, destrucción y quema de viviendas y edificios públicos, secuestros, torturas y asesinatos, así como el secuestro de ciudades enteras por las hordas criminales de grupos fascistas al servicio del imperialismo estadunidense, imponiendo el terror y la muerte entre sus habitantes y en particular, entre la población sandinista.

Reconocemos el legítimo derecho a la defensa, ejercido por el gobierno sandinista frente a las agresiones perpetradas en su contra por los lacayos del imperio; legítima defensa que ha pretendido ser presentada por los medios de comunicación de la derecha como masacres contra el pueblo, así como pretenden presentar como presos políticos a los delincuentes criminales y torturadores capturados por las autoridades nicaragüenses. (Foro de Sao Paulo 2018 b)

Venezuela

De la misma manera, el gobierno venezolano actual tiene poco que ver con la caracterización que hacen sectores de la izquierda de éste como un gobierno democrático, popular y antiimperialista. En los últimos años, particularmente desde mediados del año 2017, el gobierno venezolano ha estado sometido a severas presiones desestabilizadoras internas y externas. No hay duda de que el gobierno de los Estados Unidos ha amenazado con una invasión militar y que el bloqueo financiero tiene como propósito declarado el derrocamiento del gobierno de Nicolás Maduro. Pero esto de modo alguno basta para explicar la profunda crisis política, económica y humanitaria que vive el país.

Cuando perdió abrumadoramente las elecciones parlamentarias de diciembre del año 2015 y la oposición obtuvo una mayoría calificada de dos terceras partes en la Asamblea Nacional, el gobierno tuvo que optar entre respetar la constitución y la voluntad de la población expresada en esas elecciones, o permanecer en el gobierno a como diera lugar, dejando al lado el orden constitucional bolivariano. Optó claramente por esta segunda opción, dando comienzo a una sostenida deriva autoritaria.

Desconoció los resultados electorales del estado Amazonas, cuyos representantes ya habían sido proclamados por el Consejo Nacional Electoral, para impedir que la oposición tuviese esa mayoría en la Asamblea. Ésta fue declarada en desacato y sus funciones repartidas entre el Ejecutivo y el Tribunal Supremo de Justicia. Violando abiertamente la constitución del año 1999, Maduro ha gobernado por decreto de emergencia económica desde febrero del año 2016. Desde ese año en Venezuela no se realizan elecciones cuando están previstas por la constitución, sino cuando el gobierno lo decide, inhabilitando arbitrariamente a partidos y candidatos,[34] y en las condiciones y normas electorales que decide. Violando la constitución, sin una consulta plebiscitaria a la población sobre si quería o no cambiar la constitución del año 1999, se eligió una Asamblea Nacional Constituyente unánimemente unipartidista que al instalarse se auto declaró *supraconstitucional* y *plenipotenciaria*, esto es, como un poder absoluto sin contrapeso alguno con lo cual quedó de hecho derogada la constitución bolivariana del año 1999.

El país vive la más severa crisis económica y humanitaria de su historia. A partir del año 2014, tres años antes de las medidas de bloqueo financiero impuestas por el gobierno de Trump, la economía venezolana viene en una caída sostenida. Para finales del año 2018, el PIB de Venezuela fue un 50% del monto correspondiente al año 2013. Ha colapsado la producción petrolera.[35] La inflación del año 2018 sobrepasó en mucho

---

34 Para las elecciones de concejales de diciembre del 2018, la mayoría de los partidos y organizaciones políticas de la oposición se encontraban inhabilitados. Entre éstos: Mesa de la Unidad Democrática (MUD), Primero Justicia (PJ), Voluntad Popular (VP), Acción Democrática (AD), Un Nuevo Tiempo (UNT), La Causa R (LCR) y Alianza Bravo Pueblo (ABP). Observatorio Electoral Venezolano. *Todo lo que debes saber sobre las elecciones del 9-D* (2018).

35 Como se señaló en la parte II de este texto, la producción de petróleo a finales del año 2018 había descendido a menos de un millón doscientos mil de barriles diarios.

el millón por ciento, disolviendo por completo el salario. Todos los principales servicios públicos (salud, educación, transporte, telecomunicaciones, electricidad, agua…) están en franco deterioro y en algunos casos hasta colapso. En consecuencia de todo esto, hay en el país una severa crisis humanitaria. La pobreza, medida en términos de ingreso, pasó de 48,4% a 87,0% entre los años 2014 y 2017 (ENCOVI 2018).[36] De acuerdo con la ACNUR, la Agencia de la ONU para los Refugiados y OIM, la Organización Internacional para las Migraciones, en noviembre del 2018 la cifra de personas refugiadas y migrantes de Venezuela en todo el mundo había alcanzado a 3 millones de personas, prácticamente el 10% de la población total de Venezuela (PROVEA 2018). Una proporción creciente de quienes permanecen en el país depende de las remesas. El gobierno niega sistemáticamente la existencia de esta crisis, y en un comportamiento propiamente criminal, prefiere que niños mueran de desnutrición (Sistema de alerta, monitoreo y atención en nutrición y salud y Caritas Venezuela; *Contrapunto* 2018) o por carencia de medicinas, antes que aceptar ayuda humanitaria, incluso de organizaciones como Cáritas, ya que ello sería interpretado como un fracaso de su gestión.[37]

Este sistemático deterioro de las condiciones de vida de la población, que ha revertido las mejoras alcanzadas durante la primera década del gobierno bolivariano, ha generado acciones y movilizaciones de protesta en defensa del salario, la contratación colectiva, el acceso a alimentos y medicinas, exigiendo el funcionamiento de los servicios públicos, particularmente del abastecimiento de agua, y demandando seguridad. Estas movilizaciones son bloqueadas, con frecuencia reprimidas. Se persigue y se detiene a dirigentes sindicales y a políticos opositores tanto

---

36 Desde hace varios años no están disponibles cifras oficiales con las cuales comparar estos datos.

37 De acuerdo con la Red de Intelectuales y Artistas en Defensa de la Humanidad, se trata de una “supuesta” crisis humanitaria. “Supuesta crisis humanitaria e intervención militar del imperio en Venezuela”. (Red de Intelectuales y Artistas en Defensa de la Humanidad 2017) Para denunciar el uso reiterado que el gobierno de los Estados Unidos efectivamente hace de situaciones críticas en otros países para justificar intervenciones militares de acuerdo con sus intereses, no es necesario negar los padecimientos que ha vivido el pueblo venezolano.

de derecha como de izquierda. Hay presos políticos, con frecuencia incomunicados y torturados.[38] La policía política, el Servicio Bolivariano de Inteligencia, SEBIN, decide a voluntad si respeta o no las boletas de excarcelación emitidas por los tribunales. El derecho a la contratación colectiva está severamente restringido, una elevada proporción de los niveles salariales es definida mediante decreto presidencial. Se les retira el pasaporte a políticos y periodistas. Ante el desborde de la criminalidad, y una de las tasas de homicidios más elevadas del mundo, los cuerpos policiales y militares han asesinado a centenares de personas mediante la cínicamente denominada Operación de Liberación del Pueblo –OLP– (Ávila 2017). Hay una creciente militarización de la sociedad venezolana. Hay una masiva y generalizada corrupción que suma a centenares de millardos de dólares. Con los recursos que en forma ilícita se han sacado del país, podría reducirse significativamente la actual crisis humanitaria. A pesar de la extraordinaria experiencia de solidaridad y organización colectiva que caracterizó a la primera fase del proceso bolivariano, la reacción predominante ante la crisis que se produce a partir del año 2014, incluso en el mundo popular, ha sido fundamentalmente la del individualismo y la competencia. El *bachaqueo*, la compra de bienes subsidiados para ser revendidos en forma especulativa o para ser contrabandeados a Colombia, representa hoy una importante proporción, no registrada, de

---

38 De acuerdo con el informe sobre derechos humanos en el mundo de Amnistía Internacional correspondiente a los años 2017-2018, "Venezuela siguió en estado de excepción, prorrogado varias veces desde enero de 2016. Se eligió una Asamblea Nacional Constituyente sin la participación de la oposición. La fiscal general fue destituida en circunstancias irregulares. Las fuerzas de seguridad continuaron empleando fuerza excesiva e indebida para dispersar protestas. Cientos de personas fueron detenidas arbitrariamente. Se recibieron numerosas denuncias de tortura y otros malos tratos, incluida violencia sexual contra manifestantes. Se siguió utilizando el sistema judicial para acallar a la disidencia, incluso se empleaba la jurisdicción militar para procesar a civiles. Los defensores y defensoras de los derechos humanos fueron objeto de hostigamiento, intimidación y redadas. Las condiciones de reclusión eran extremadamente duras. La crisis alimentaria y médica siguió empeorando y afectaba especialmente a niños y niñas, personas con enfermedades crónicas y mujeres embarazadas. Aumentó el número de personas de ciudadanía venezolana que solicitaban asilo en otros países" (Amnistía Internacional 2018).

la economía venezolana. Hay un desgarramiento del tejido de la sociedad y una generalizada crisis ética. Sobreviven, sin embargo, ricas experiencias locales y regionales de auto organización con diferentes grados de autonomía que florecieron con el chavismo y buscan redefinir su actuar político en estas nuevas y difíciles circunstancias.

A pesar de todo esto, el Foro de Sao Paulo continúa manifestando su solidaridad incondicional con el gobierno de Maduro. En su declaración especial referida a Venezuela del encuentro realizado en la Habana en julio del año 2018, después de referirse a la crisis que vive el país y atribuirla exclusivamente a la acción del imperialismo, sin siquiera considerar la posibilidad de que el gobierno tenga alguna responsabilidad en ésta, una vez más concluyen dándole pleno apoyo al "Compañero Presidente Nicolás Maduro".

> Las y los participantes del XXIV Encuentro del Foro de Sao Paulo ratifican que la solidaridad con la Patria de Simón Bolívar y Hugo Chávez, constituye una tarea prioritaria de todos los partidos de la América latino-caribeña; de todas las organizaciones sociales, de trabajadoras y trabajadores y de todas las instituciones democráticas; al tiempo que convocan a desplegar múltiples jornadas de defensa de la paz, la democracia bolivariana, el respeto a la soberanía de Venezuela y la exigencia del levantamiento del criminal bloqueo y las sanciones impuestas a ese hermano pueblo, asumiendo la denuncia en el mundo de las serias y peligrosas amenazas de intervención militar que contra esa nación ha expresado el imperialismo estadunidense.
>
> Asimismo, saludamos la conciencia, moral, valentía y dignidad de las venezolanas y los venezolanos que, tal y como quedó demostrado con la espléndida y contundente victoria en las elecciones del pasado 20 de mayo del compañero Presidente Nicolás Maduro, se mantienen firmes en defensa del legado del máximo líder de la Revolución Bolivariana; proceso que se desarrolló con plena normalidad y con las más amplias garantías para todas y todos, tal y como pudieron constatar las y los acompañantes internacionales presentes en el país suramericano (Foro de Sao Paulo 2018 c).

Esta carencia de miradas críticas o siquiera medianamente problematizadas sobre estas experiencias, no es atribución exclusiva de estas organizaciones y partidos. Intelectuales de izquierda reconocidos, tanto latinoamericanos como europeos, con pleno conocimiento de la realidad de estos países, dándole prioridad a una perspectiva geopolítica, aparte de señalar algunos "errores", optan por dejar a un lado toda crítica sustantiva en sus análisis solidarios de estos procesos. Ciertas representaciones paraguas de organizaciones sociales latinoamericanos, como los Movimientos Sociales del Alba, que durante años fueron apoyados con recursos del gobierno venezolano, difícilmente pueden convertirse en críticos cuando este país entra en crisis. Esa autocensura está teniendo serias consecuencias. Los enunciados de la izquierda han perdido credibilidad, y el caso de Venezuela es utilizado como espantapájaros en las campañas electorales de la derecha.

La crisis de las izquierdas

El campo que se ha identificado históricamente como *izquierda política* enfrenta hoy una profunda crisis, crisis propiamente existencial, no sólo en América Latina, sino en todo el mundo. Se han dado en las últimas décadas las condiciones que, de acuerdo con las perspectivas tradicionales de la izquierda, podrían haber conducido a amplias luchas y rebeliones populares anticapitalistas: extendida inseguridad, políticas de ajuste y retraimiento de políticas públicas de protección social, vaciamiento y deslegitimación de la democracia liberal y acelerado incremento de las desigualdades sociales. Sin embargo, las respuestas populares tienden a apuntar en una dirección contraria, reafirmando los rasgos más perversos de estas sociedades en crisis. En todas partes del mundo —la India, las Filipinas, Hungría, Polonia, Estados Unidos, Argentina, Brasil, Turquía, entre otros—, dirigentes de derecha y extrema derecha, con orientaciones políticas racistas, patriarcales xenófobas y abiertamente pro empresariales logran amplios apoyos electorales en sectores populares que antes fueron bases de apoyo de la izquierda. La socialdemocracia europea, o tiende a ser cada vez más neoliberal o está a la defensiva, intentando desacelerar el avance de las políticas neoliberales. La izquierda ha carecido en estos años de proyectos alternativos creíbles capaces de seducir a la población.

Reiterando lo que ha sido afirmado en este texto, por unos años América del Sur parecía caminar a contramarcha de estas tendencias globales. En especial los procesos políticos en Venezuela, Ecuador y Bolivia generaron nuevas esperanzas de realización de horizontes anticapitalistas en la medida en que se subvertían o renovaban profundamente concepciones y prácticas que habían caracterizado a la mayor parte de los partidos de izquierda durante todo el siglo XX. Como se ha señalado, se hacen presentes otros ejes de confrontación (cuestionamiento al patriarcado, al antropocentrismo, a la monocultura de la modernidad colonial); otros sujetos (mujeres, pueblos y comunidades indígenas y afrodescendientes, mundo urbano subalterno, comunidades LGTB...); y otras modalidades organizativas alternativas a los partidos.

Sin embargo, en la medida en que en cada uno de estos procesos se fueron imponiendo desde los gobiernos lógicas tradicionales partidistas, estadocéntricas y desarrollistas, y la pluriculturalidad y protección de la Madre Tierra fueron pasando a un segundo plano, estos procesos fueron agotando su dinámica transformadora y la preservación del poder terminó convirtiéndose en su principio rector. Los otros sectores de la lucha anticapitalista, las otras izquierdas plurales no estatales, orilladas o reprimidas por el progresismo durante estos años, enfrentan hoy el reto de su reconstrucción ante el retorno agresivo de las derechas.

Como nos ilustran claramente las declaraciones del Foro de Sao Paulo, la izquierda oficial de Estado y partidista, lejos de reconocer la profundidad de la crisis que confronta, la impotencia de sus formas de hacer política y el agotamiento histórico del socialismo estadocéntrico y desarrollista como alternativa tanto al capitalismo como a la civilización en crisis, se atrinchera en la reafirmación dogmática de principios abstractos que han dejado de dar cuenta de la realidad. Esta izquierda se cierra sobre sí misma intentando, por esa vía, defender lo indefendible. Aparte de algunos "errores" y "desviaciones", la causa de todos los males que confronta la sociedad contemporánea y los problemas enfrentados por los procesos de cambio están del otro lado, en el capitalismo, en el imperialismo, en la derecha.

La indagación reflexiva y genuinamente autocrítica del por qué todas las experiencias históricas del socialismo —el socialismo realmente existente— han fracasado como alternativas a esta sociedad en crisis y por qué el socialismo ha dejado de operar como un imaginario de futuro tanto deseable como posible, está en lo fundamental ausente, no en el debate político intelectual de nuestros tiempos —estos debates tienen en realidad más de un siglo—, sino en esta izquierda oficial.

Las reflexiones y luchas anticapitalistas transcienden hoy, de hecho, siempre ha sido así, a las tradiciones de lo que históricamente se ha conocido como izquierdas. Por otra parte, un amplio espectro de lo que se autoidentifica como de izquierda, no necesariamente asume posturas anticapitalistas o antisistémicas. ¿Pueden los gobiernos extractivistas desarrollistas ser considerados anticapitalistas? ¿Lo son a pesar de sus ataques sistemáticos a la pluralidad de culturas indígenas y afrodescendientes de las sociedades latinoamericanas? ¿Si no cuestionan los patrones culturales patriarcales que, entre otras cosas, niegan la soberanía de las mujeres sobre sus propios cuerpos? ¿Si, lejos de contribuir a una expansión de prácticas democráticas, tienden a aumentar el control estatal y poner límites al ejercicio de los derechos democráticos y la participación? ¿Se pueden caracterizar como anticapitalistas las políticas económicas que priorizan el aumento de las exportaciones primarias de energía, productos agrícolas y minerales, productos que contribuyen a alimentar la maquinaria insaciable de la acumulación global del capital? ¿Son gobiernos antisistémicos incluso si sus políticas conducen a la destrucción de la naturaleza? ¿Si a pesar de la evidencia abrumadora de las consecuencias de los modelos hegemónicos de producción y consumo, que contribuyen a acelerar el colapso climático, estos gobiernos no han sido capaces de comenzar una transición hacia otras formas de vivir en armonía con la naturaleza? ¿Están las nociones de izquierda y de derecha históricamente desdibujadas, desactualizadas? ¿Son estas distinciones relevantes para algunos asuntos, pero no para otros?

No es de extrañarse que, como ocurrió en los países del Este que experimentaron el socialismo del siglo XX, y ante la ausencia de toda reflexión autocrítica, el socialismo termine convirtiéndose en una referencia negativa identificada con autoritarismo y corrupción. ¿Qué responsabilidad tiene esa izquierda, entre otras cosas, por su prepotencia excluyente y generalizada corrupción, en el avance de la derecha en el continente, y en particular en el anti-petismo que llevó a que un personaje como Jair Messias Bolsonaro fuese electo como presidente de Brasil?

Con el fracaso de las experiencias de los llamados gobiernos progresistas en América Latina como alternativas capaces de ir más allá del capitalismo y ofrecer al menos algunas vías o transiciones iniciales para salir de la crisis civilizatoria, nos enfrentamos al final de varios ciclos históricos. No se trata sólo del corto ciclo histórico de los altos precios de los *commodities* o de los llamados gobiernos progresistas. Es también el final de un ciclo histórico más largo, un ciclo que podría decirse que comenzó con la publicación del *Manifiesto del Partido Comunista* en 1848. Es el ciclo histórico de luchas anticapitalistas basado en la idea de que a través de la captura o el control del Estado sería posible llevar a cabo un proceso de transformación profunda de la sociedad en su conjunto. Ésta ha sido la creencia compartida de los levantamientos revolucionarios como el asalto al Palacio de Invierno; la socialdemocracia europea; los movimientos de liberación del Tercer Mundo y las luchas guerrilleras; y, una vez más, en los proyectos políticos de los gobiernos progresistas en América del Sur. También estamos al final de la era histórica de la Revolución, de la idea según la cual era posible transformar a la totalidad de la sociedad, en todas sus múltiples esferas, en un breve periodo de tiempo. El socialismo del siglo XXI en Venezuela fue el primer intento de construir una sociedad socialista-estatista en este siglo. Probablemente sea igualmente el último.

Estamos al final de la larga fase histórica en la cual, desde las más diversas posturas políticas e ideológicas, en el sistema-mundo colonial moderno se identificó el bienestar y la felicidad humana con una abundancia material cada vez mayor, con progreso y crecimiento económico ilimitado. Los límites del planeta nos obligan a reconocer que hemos entrado en una nueva y turbulenta era. La izquierda oficial parece no haberse enterado.

Una insistencia final sobre las izquierdas

Como se ha argumentado en este texto, la tradición de la izquierda identificada con el marxismo y el socialismo se constituye como tal en un contexto histórico, geográfico y cultural específico, cuando está surgiendo el capitalismo industrial en Europa Occidental. Como tal, está inevitablemente marcada por su época, con relaciones contradictorias con los ejes centrales de ese nuevo patrón civilizatorio que se está conformando. Constituye claramente una crítica radical a esa sociedad en la medida en que pone al descubierto las lógicas de mercantilización, explotación y sometimiento que caracterizan al capital y la concentración de la riqueza y el poder a las cuales estos conduce. Pero, a su vez, incorpora a sus perspectivas, en forma poco crítica, en diferentes grados y contradictoriamente, patrones cognitivos y sentidos comunes hegemónicos en esa sociedad, en particular la idea del progreso, incluyendo sus dimensiones teleológicas; la confianza en el papel de las fuerzas productivas del capitalismo como fuerzas emancipadoras; los dualismos sujeto/objeto y sociedad/naturaleza que están en la base de la ciencia moderna; así como concepciones positivistas de la verdad en el conocimiento de la realidad histórico social. Igualmente perspectivas predominantemente eurocéntricas en la cual la historia europea es concebida como el patrón de referencia de la Historia Universal (Lander 1990).

Se trata de un pensamiento/acción radical que busca dar respuestas en ese contexto histórico particular en el cual surge. Sus límites se hacen visibles cuando, a partir de una lógica universalizante, se busca interpretar las realidades de otros pueblos y culturas, otros territorios y otras historias a partir, en lo fundamental, de las mismas categorías políticas y teórico conceptuales que resultaron tan agudas y fructíferas para caracterizar el contexto histórico en el cual surgieron.

Desde 1848, fecha de publicación del *Manifiesto del Partido Comunista*, el mundo ha cambiado extraordinariamente. Como se ha argumentado a lo largo de este texto, el patrón civilizatorio de la modernidad colonial ha entrado en una crisis terminal que está, por la vía del colapso ambiental, poniendo en peligro las condiciones que hacen posible la vida en el planeta Tierra. Se trata de una crisis multidimensional que trasciende en mucho los ejes centrales basados en las relaciones de clase que constituyeron el núcleo central de las interpretaciones marxistas del capitalismo. Como se ha argumentado en este texto, una izquierda centrada en las relaciones de explotación y sus dimensiones geopolíticas, que no incorpore igualmente, en forma medular, esencial, las dimensiones referidas al antropocentrismo, al patriarcado, al racismo, al sexismo, a la colonialidad monocultural, el eurocentrismo, y el rechazo al autoritarismo, no sólo no puede ofrecer alternativas a la civilización en crisis, sino que es en sí misma expresión del mundo que está en crisis. Los proyectos transformadores de una izquierda que ha apostado por un socialismo estadocéntrico y por nociones asociadas a la idea del progreso han fracasado y tienen poco que ofrecer como alternativa al capitalismo y a la civilización en crisis. Como lo ha demostrado la experiencia de los socialismos del siglo pasado, y lo ha confirmado la experiencia de los gobiernos progresistas en América Latina, la izquierda estadocéntrica y desarrollista, lejos de representar alternativas al orden existente, ha pasado a ser parte del problema y, con su relativa hegemonía política y discursiva como alternativa al capitalismo, ha contribuido a negar, a bloquear la emergencia y visibilización de otras alternativas.

Ha existido siempre una extraordinaria pluralidad y diversidad de posturas teóricas y políticas, modalidades de luchas anticapitalistas y alternativas a la modernidad colonial, con particular vigor en el Sur Global. Unas se autoidentifican como de "izquierda", otras no. En los diálogos, intercambios y aprendizajes recíprocos y luchas en común entre esta vasta gama de búsquedas alternativas, se encuentran hoy las potencialidades más fructíferas para ponerle un freno al avance avasallador de la lógica destructiva hegemónica, y prefigurar otra civilización.

Bibliografía

Acción Ecológica. 2011. *Ecuador: criminalización de la protesta social en tiempos de "revolución ciudadana"*, Quito, 23 de agosto. [http://www.accionecologica.org/criminalizados/articulos/1487-ecuador-criminalizacion-de-la-protesta-social-en-tiempos-de-revolucion-ciudadana]

Acción Ecológica. 2016a. *Catastro minero=catástrofe ambiental*, Quito, 30 de mayo. [http://www.accionecologica.org/editoriales/1941-2016-05-30-19-22-43]

Acción Ecológica. 2016b. *Alto a la criminalización de los pueblos indígenas y la militarización del territorio Shuar. Basta de violencia contra mujeres y niños*. Quito, 24 de diciembre. [http://www.accionecologica.org/editoriales/sosaccionecologica/2101-2016-12-24-17-54-06]

Acosta, Alberto y Ulrich Brand. 2017. *Salidas del laberinto capitalista. Decrecimiento y postextractivismo*. Quito: Fundación Rosa Luxemburg, Oficina Regional Andina.

Acosta, Alberto. 2009. *La maldición de la abundancia*. Quito: Swissaid, Abya Yala y CEP.

Agencia Venezolana de Noticias. 2016. "Gobierno nacional prevé certificar en año y medio reservas del Arco Minero Orinoco", *Aporrea*. Caracas, 25 de febrero. [https://www.aporrea.org/actualidad/n286400.html]

Ahmed, Saleh. 2015. *Climate Risks in Megacities of the Global South. Focus on Dhaka, Bangladesh*, United Nations Office for Disaster Risk Reduction, UNISDR. [https://www.unisdr.org/campaign/resilientcities/assets/documents/privatepages/Climate%20Risks%20in%20Megacities%20of%20the%20Global%20South%20Focus%20on%20Dhaka,%20Bangladesh.pdf]

ALBA. 2013. *Declaración del ALBA desde el Pacífico*, XII Cumbre de Jefes de Estado y de Gobierno del ALBA-TCP, Guayaquil, 30 de julio. [https://www.urjc.es/images/ceib/revista_electronica/vol_7_2013_2/REIB_07_02_Doc04.pdf]

ALIMONDA, HÉCTOR, Catalina Toro Pérez y Facundo Martín (coordinadores). 2017. *Ecología política latinoamericana. Pensamiento crítico, diferencia latinoamericana y rearticulación epistémica.* Vol. 1, Colección de Grupos de Trabajo. Buenos Aires: CLACSO.

ALVAREDO, FACUNDO, Lucas Chancel, Thomas Piketty, Emmanuel Saez y Gabriel Zuman. 2018. *World Inequality Report 2018*. World Inequality Lab. [https://wir2018.wid.world/]

Amnistía Internacional. 2018. *Informe 2017/2018. La situación de los derechos humanos en el mundo*. Londres. [https://crm.es.amnesty.org/sites/default/files/civicrm/persist/contribute/files/Informeanual2018air201718-spanish%20web.pdf]

ANDERSON, KEVIN. 2018. "Response to the IPCC 1.5°C Special Report". *Manchester Policy Blogs*: All posts. [http://blog.policy.manchester.ac.uk/posts/2018/10/response-to-the-ipcc-1-5c-special-report/]

ANTILLANO, ANDRÉS, José Luis Fernández-Shaw y Damelys Castro. 2018. "No todo lo que mata es oro. La relación entre violencia y rentas mineras en el sur del Estado Bolívar", en En *Venezuela desde adentro. Ocho investigaciones para un debate necesario,* complidado por Karin Gabbert y Alexandra Martínez., Quito: Fundación Rosa Luxemburgo, Oficina Región Andina. [https://www.rosalux.org.ec/pdfs/VENEZUELA-DESDE-ADENTRO_12.pdf]

Asamblea General de las Naciones Unidas. 1987. *Informe de la Comisión Mundial sobre el Medio Ambiente y el Desarrollo. Nuestro futuro común,* Nueva York. [http://www.ecominga.uqam.ca/pdf/bibliographie/guide_lecture_1/cmmad-Informe-Comision-Brundtland-sobre-Medio-AmbienteDesarrollo.pdf]

ÁVILA, KEYMER. 2017. "Las Operaciones de Liberación del Pueblo (OLP): entre las ausencias y los excesos del sistema penal en Venezuela". *Crítica Penal y Poder,* núm. 12. Universidad de Barcelona. [http://revistes.ub.edu/index.php/CriticaPenalPoder/article/view/16878]

BALTODANO, MÓNICA. 2007. "¿La izquierda Gobernando en Nicaragua?", *Alai. América Latina en Movimiento.* Quito, 31 de agosto. [https://www.alainet.org/es/active/19412]

Banco Central de Venezuela. 2018. Información Estadística. Importaciones y exportaciones de bienes y servicios según sectores. Caracas. [http://www.bcv.org.ve/c2/indicadores/asp]

BASCOPÉ SANJINÉS, IVÁN. 2017. "Vulneraciones al derecho de consulta previa, libre e informada en la otorgación de derechos mineros", en CEDLA, *Reporte anual de industrias extractivas*. La Paz. [http://www.cedla.org/ieye/libro/53214]

BENNIS, PHYLLIS. 2003. February 15, 2003. The Day the World Said No to War, Institute for Policy Studies. 15 de febrero. [https://ips-dc.org/february_15_2003_the_day_the_world_said_no_to_war/]

BIDAU, CLAUDIO J. 2018. "Doomsday for Insects? The Alarming Decline of Insect Populations around the World". *Entomology, Ornithology & Herpetology: Current Research*. Vol. 7(1). [https://www.omicsonline.org/open-access/doomsday-for-insects-the-alarming-decline-of-insect-populations-around-the-world-2161-0983-1000e130-99176.html]

BOLLIER, DAVID y Silke Helfrich. 2012. *The Wealth of the Commons. A World Beyond Market & State*. The Commons Strategy Group, Amherst: Levellers Press.

BP. BP Energy Outlook. 2018. Edition. https://www.bp.com/content/dam/bp/en/corporate/pdf/energy-economics/energy-outlook/bp-energy-outlook-2018.pdf

BRAND, ULRICH, Marlis Gensler y Alexandra Strickner (compiladores). 2012. *Transformación socio-ecológica. Política energética en América Latina y Europa*. Fundación Rosa Luxemburg. Bruselas. [https://www.rosalux.eu/fileadmin/user_upload/viena2012-articulos-y-documentos-de-tesis.pdf]

BRAND, ULRICH y Markus Wissen. 2018. The Limits to Capitalist Nature. Theorizing and Overcoming the Imperial Mode of Living. Londres, Nueva York: Rowman & Littlefield.

BRIE, MICHAEL BRIE y Mario Candeia. 2012. *Just Mobility Postfossil Conversion and Free Public transport*, Fundación Rosa Luxemburg, Nueva York. [https://www.rosalux.de/fileadmin/rls_uploads/pdfs/Analysen/Analyse_Just_Mobility.pdf]

BROWN, WENDY. 1995. "Finding the Man in the State", en *States of Injury, Power and Freedom in Late Modernity*. Princeton: Princeton University Press.

CABELLO, JOANNA y Tamra Gilbertson. 2012. "A colonial mechanism to enclose lands: A critical review of two REDD+-focused special issues", en *Ephema. Theory and politics in organization*. Vol. 12. [http://www.ephemerajournal.org/sites/default/files/12-1cabellogilbertson.pdf].

CASEY, NICHOLAS y Clifford Krauss. 2018. "It Doesn't Matter if Ecuador can Afford this Dam. China Still Gets Paid", *The New York Times* (24 de diciembre).

CASTRO-GÓMEZ, SANTIAGO. 2000. "Ciencias sociales, violencia epistémica y el problema de la 'invención del otro'", en *La colonialidad del saber: Eurocentrismo y ciencias sociales. Perspectivas latinoamericanas,* editado por Edgardo Lander. Buenos Aires: UNESCO/CLACSO.

CASTRO-GÓMEZ, SANTIAGO. 2005. *La hybris del punto cero. Ciencia, raza e ilustración en la nueva granada* (1750-1816). Bogotá: Pontificia Universidad Javeriana.

CEPAL. 2002, 2010, 2016. *Anuarios Estadísticos de América Latina y el Caribe, 2002, 2010 y 2016.* Santiago de Chile.

CEPAL. 2016. Relaciones económicas entre América Latina y el Caribe y China. Oportunidades y desafíos. Santiago de Chile, noviembre. [https://repositorio.cepal.org/bitstream/handle/11362/40743/1/S1601155_es.pdf]

CEPAL. 2017. *Anuario Estadístico de América Latina y el Caribe 2016.* Santiago de Chile. [https://repositorio.cepal.org/bitstream/handle/11362/40972/4/S1601037_mu.pdf]

CHÁVEZ FRÍAS, HUGO. 2006. *Lineamientos para la construcción del socialismo del siglo XXI.* Acto de reconocimiento al Comando Miranda. Teatro Teresa Carreño. Caracas: 15 de diciembre.

CHÁVEZ, HUGO. 2012. *Propuesta del Candidato de la Patria. Comandante Hugo Chávez para la Gestión Bolivariana Socialista 2013-2019.* Programa de Gobierno presentado por Hugo Chávez, Caracas, 11 de junio. [https://www.mppeuct.gob.ve/sites/default/files/descargables/programa-patria-2013-2019.pdf]

CHOW, LORRAINE. 2018. "Norway to Ban Deforestation-Linked Palm Oil Biofuels in Historic Vote". *Ecowatch,* 7 de diciembre. [https://www.ecowatch.com/norway-bans-palm-oil-2622712445.html]

Climate and Capitalism. [https://climateandcapitalism.com/]

CNN. 2018. "¿El principio del fin de Unasur? 6 países suspenden su participación", 21 de abril. [https://cnnespanol.cnn.com/2018/04/21/el-principio-del-fin-de-unasur-6-paises-suspenden-su-participacion/]

Contrapunto. 2018. "La FAO asegura que el hambre en Venezuela continuó creciendo en 2017". Caracas, 8 de marzo. [http://contrapunto.com/noticia/la-fao-asegura-que-el-hambre-en-venezuela-continuo-creciendo-en-2017-190407/]

CORAGGIO, JOSÉ LUIS. 2011. *Economía social y solidaria. El trabajo antes que el capital.* Quito; Abya Yala, Universidad Politécnica Salesiana y FLACSO Ecuador.

CORONIL, FERNANDO. 2002. *El Estado mágico. Naturaleza, dinero y modernidad en Venezuela.* Caracas: Desarrollo Científico y Humanístico de la Universidad Central de Venezuela y Nueva Sociedad.

CORREA DELGADO, RAFAEL. 2013. *Decreto 16.* Quito, 4 de junio. [www. http://extwprlegs1.fao.org/docs/pdf/ecu140190.pdf].

COSIPLAN-UNASUR. 2009. Quito. [http://www.iirsa.org/Page/Detail?menuItemId=119&menuItemId=134]

Credit Suisse Research Institute. 2017. *Global Wealth Report, 2017.* [https://d1tn3vj7xz9fdh.cloudfront.net/s3fs-public/file_attachments/bp-reward-work-not-wealth-220118-en.pdf]

D'ALISA, GIACOMO, Federico Demaria y Giorgos Kallis (editores). 2015. *Decrecimiento. Vocabulario para una nueva era.* Barcelona: Icaria Editorial.

Dag Hammarskjöld Foundation. 2009. "*Carbon Trading*. How it works and why it fails". *Critical Currents,* núm. 7. Estocolmo.

DÍAZ CUELLAR, VLADIMIR. 2017. "Ganancia y salario en el sector minero en Bolivia durante el gobierno del MAS (2006-2015)", en CEDLA. *Reporte anual de industrias extractivas.* La Paz. [http://www.cedla.org/ieye/libro/53214]

DUSSEL, ENRIQUE. 1994. *1492. El encubrimiento del otro.* La Paz: Ediciones Plural. Universidad Mayor de San Andrés.

El Deber. 2018. "Promulgan la Ley del Etanol en el norte de Santa Cruz". Santa Cruz, 15 de septiembre. [https://www.eldeber.com.bo/economia/Promulgan-la-Ley-del-Etanol-en-el-norte-de-Santa-Cruz-20180915-0015.html]

El Comercio. 2018. "Informe abre la puerta a que se retome consulta popular sobre el Yasuní". Quito, 7 de noviembre. [https://www.elcomercio.com/actualidad/informe-cne-firmas-consulta-yasuni.html].

El Telégrafo. 2015. "Nuevo Ministerio de Minería se crea por Decreto Ejecutivo". Quito, 15 de febrero.

El País. 2007. "La ONU alerta de que 150 especies se extinguen al día por culpa del hombre". Madrid, 22 de mayo. [https://elpais.com/sociedad/2007/05/22/actualidad/1179784806_850215.html]

El Universo. 2009. "Infantilismo' tensa relación Correa-Acosta" (2009). Quito, 21 de enero. [https://www.eluniverso.com/2009/01/21/1/1355/51D051981FE44D54A46A-35DBEFEC9037.html]

ENCOVI. 2018. *Encuesta sobre Condiciones de Vida en Venezuela*. Universidad Católica Andrés Bello, Universidad Simón Bolívar y Universidad Central de Venezuela. Caracas, febrero. [https://www.ucab.edu.ve/wp-content/uploads/sites/2/2018/02/ENCOVI-2017-presentación-para-difundir-.pdf]

ESCOBAR, ARTURO. 2007. *La invención del tercer mundo. Construcción y deconstrucción del desarrollo*. Caracas: Fundación Editorial El Perro y la Rana.

ESCOBAR, ARTURO. 2010. "Latin America at the Crossroads. Alternative Modernizations, Postliberalism or Postdevelopment?". *Cultural Studies* (24, núm. 1).

ESPINOSA ORTEGA, MARÍA ISABEL. 2016. *Terrorismo y derechos humanos, ¿terror para quién?* Quito: Universidad Andina Simón Bolívar. [http://repositorio.uasb.edu.ec/bitstream/10644/5425/1/T2173-MDE-Espinosa-Terrorismo.pdf]

Estado Plurinacional de Bolivia. 2010. *Ley de Derechos de la Madre Tierra. Ley núm 071*. La Paz, 21 de diciembre. [http://www.planificacion.gob.bo/uploads/marco-legal/Ley%20N°%20071%20DERECHOS%20DE%20LA%20MADRE%20TIERRA.pdf]

Estado Plurinacional de Bolivia. La Asamblea Legislativa Plurinacional. 2011. *Ley núm 180, Ley de Protección del Territorio Indígena y Parque Nacional Isiboro Sécure – Tipnis*. La Paz: *Gaceta Oficial*, 24 de octubre. [https://www.ilo.org/dyn/natlex/docs/ELECTRONIC/90573/104493/F1293369730/BOL90573.pdf]

Estado Plurinacional de Bolivia. La Asamblea Legislativa Plurinacional. 2017. Ley núm 969. Ley de protección, desarrollo integral y sustentable del Territorio Indígena y Parque Nacional Isiboro Sécure-Tipnis. La Paz, 13 de agosto. [http://extwprlegs1.fao.org/docs/pdf/bol170307.pdf]

Exxonmobil. 2017. Outlook for Energy: A View to 2040. [https://corporate.exxonmobil.com/en/energy/energy-outlook/a-view-to-2040]

FABIAN, JOHANNES. 1983. *Time and the Other. How anthropology makes its object*. New York: Columbia University Press.

FAHEY, JONATHAN. 2012. "Climate, energy fears overblown, says ExxonMobil boss". Londres: *The Guardian* (28 de junio).

Federación Internacional de derechos humanos y otros. 2018. Examen Periódico Universal, Tercer Ciclo de Evaluación de las Obligaciones Extraterritoriales de la República Popular de China desde la Sociedad Civil: Casos de Argentina, Bolivia, Brasil, Ecuador y Perú. Octubre. [http://cdes.org.ec/web/wp-content/uploads/2018/10/Informe-Regional_CICDHA.pdf]

Foro de Sao Paulo. 2000. IX *Encuentro del Foro de São Paulo, Declaración de Niquinohomo*. Niquinohomo. [http://forodesaopaulo.org/wp-content/uploads/2014/07/09-Declaracion-de-Niquinohomo-2000.pdf]

Foro de Sao Paulo. 2001. Declaración Final del X Encuentro del Foro de Sao Paulo. *Diario Granma*. La Habana: 7 de diciembre.

Foro de Sao Paulo. 2002. *Declaración final XI Encuentro del Foro de Sao Paulo*. Antigua. [http://forodesaopaulo.org/declaracion-final-antigua-2002/]

Foro de Sao Paulo. 2005. *Declaración final del XII Encuentro del Foro de São Paulo*. Sao Paulo. [http://forodesaopaulo.org/declaracion-final-sao-paulo-2005/]

Foro de Sao Paulo. 2008. *Declaración de Montevideo 2008*. Montevideo, mayo. [http://forodesaopaulo.org/declaracion-final-montevideo-2008/]

Foro de Sao Paulo. 2009. Declaración Final del XXI Encuentro del Foro de São Paulo, en la Ciudad de México DF. México. [http://forodesaopaulo.org/declaracion-final-del-xxi-encuentro-del-foro-de-sao-paulo-en-la-ciudad-de-mexico-df/]

Foro de Sao Paulo. 2012. *Declaración Final XVIII Encuentro del Foro de Sao Paulo*. Caracas. [http://albaciudad.org/2012/07/declaracion-final-xviii-encuentro-del-foro-de-sao-paulo-caracas-2012/]

Foro de Sao Paulo. 2013. *Declaración Final XIX Encuentro del Foro de Sao Paulo*. Sao Paulo. [http://forodesaopaulo.org/wp-content/uploads/2014/07/19-Declaracion-de-Sao-Paulo-III-2013.pdf]

Foro de Sao Paulo. 2014. *Declaración Final del XX Encuentro del Foro de Sao Paulo*. La Paz. [http://forodesaopaulo.org/declaracion-final-del-xx-encuentro-del-foro-de-sao-paulo/]

Foro de Sao Paulo. 2015. *Declaración final del XXI Encuentro del Foro de Sao Paulo*. Ciudad de México, 1 de agosto. [http://forodesaopaulo.org/wp-content/uploads/2014/07/19-Declaracion-de-Sao-Paulo-III-2013.pdf]

Foro de Sao Paulo. 2016. *Declaración Final del XXII Encuentro del Foro de Sao Paulo*. San Salvador. [http://forodesaopaulo.org/declaracion-final-del-xxii-encuentro-del-foro-de-sao-paulo-san-salvador-2016/]

Foro de Sao Paulo. 2018 a. *XXIV Encuentro del Foro de Sao Paulo 2018*. La Habana, julio. [http://forodesaopaulo.org/memoria-del-xxiv-encuentro-del-foro-de-sao-paulo-la-habana-cuba-15-al-17-de-julio-de-2018/]

Foro de Sao Paulo. 2018 b. *Nicaragua*. XXIV Encuentro del Foro de Sao Paulo. La Habana, 15 al 17 de julio.

Foro de Sao Paulo. 2018 c. *Venezuela*. XXIV Encuentro del Foro de Sao Paulo. La Habana, 15 al 17 de julio.

Foro Social Mundial. 2002. *Carta de Principios*. Porto Alegre. [https://fsm2016.org/es/sinformer/a-propos-du-forum-social-mondial/]

Friends of the Earth International. 2014. Yasunidos. *Ecuadorian Authorities Thwart National Referendum on Yasuní-ITT Through Fraud and Militarization*. [https://www.foei.org/news/yasunidos-ecuadorian-authorities-thwart-national-referendum-on-yasuni-itt-through-fraud-and-militarization]

Fundación Solón. 2018. *La carretera por el TIPNIS ¿cómo nos afecta?* La Paz, 30 de agosto. [https://fundacionsolon.org/category/pacha/tipnis/]

Fundación Solón. 2017 a. *El caso del Chepete y El Bala*. La Paz, 10 de mayo. [https://fundacionsolon.org/2017/05/10/el-caso-del-chepete-y-el-bala/].

Fundación Solón. 2017 b. *Inviabilidad económica del Chepete y El Bala*. La Paz, 10 de mayo. [https://fundacionsolon.org/2017/05/10/inviabilidad-economica/#more-2944]

G20. 2019. G20 *Leaders' declaration Building consensus for fair and sustainable development*. Buenos Aires: noviembre/diciembre. [http://www.g20.utoronto.ca/2018/buenos_aires_leaders_declaration.pdf]

Gaceta Oficial de la República de Venezuela. 1999. *Constitución de la República Bolivariana de Venezuela*. Caracas. [http://www.mppp.gob.ve/wp-content/uploads/2014/01/LeyesOrganicas/GO-36860_constitucion.pdf]

GÁRATE, JAVIER. 2016. "Represión, persecución y criminalización de las luchas sociales en Bolivia". *Red Antimilitarista de América Latina y el Caribe*. Bolivia, 1 de mayo. [http://ramalc.org/2016/05/01/represion-persecucion-y-criminalizacion-de-las-luchas-sociales-en-bolivia/].

GARCÍA LINERA, ÁLVARO. 2007. "Fue un error no liderar el pedido autonómico". Entrevista en: *El Deber*. Santa Cruz de la Sierra, 21 de enero. Citado por Eric Toussaint en ¿*Un capitalismo andino-amazónico*?, 2009. CADTM/Rebelión. [http://www.rebelion.org/noticia.php?id=93828]

GARCÍA LINERA, ÁLVARO. 2012. *Las empresas del Estado. Patrimonio colectivo del pueblo boliviano*. Vicepresidencia del Estado Plurinacional de Bolivia, La Paz.

GARCÍA LINERA, ÁLVARO. 2013. *Geopolítica de la Amazonia. Poder hacendal-patrimonial y acumulación capitalista*. Vicepresidencia del Estado Plurinacional. Presidencia de la Asamblea Legislativa Plurinacional, La Paz.

GILBERTSON, TAMARA. 2017. *Carbon Pricing. A Critical Perspective for Community Resistance*. Indigenous Environmental Network. [http://www.ienearth.org/wp-content/uploads/2017/11/Carbon-Pricing-A-Critical-Perspective-for-Community-Resistance-Online-Version.pdf]

Global Forest Coalition. s/f. *El verdadero costo de agrocombustibles. Alimentación, bosques y clima*. [http://www.criticalcollective.org/wp-content/uploads/ Elverdadocostodelosagrocombustibles.pdf]

Global Carbon Budget. 2018. *Global Carbon Budget 2018*. [http://www.globalcarbonproject.org/global/images/carbonbudget/Infographic_Emissions2018]

Global Footprint Network. *Glossary*. s/f. [https://www.footprintnetwork.org/resources/glossary/].

GÓMEZ FUENTES, COPITZ AHAHÍ. 2015. "Redes y movimientos sociales en contra de la construcción de presas en México. El caso del Movimiento Mexicano de Afectados por las Presas y en Defensa de los Ríos". *Revista Espacio Académico*, núm. 167, Abril.

GÓMEZ, ANAHÍ. 2014. "Resistencias sociales en contra de los megaproyectos hídricos en América Latina". *Revista Europea de Estudios Latinoamericanos y del Caribe*, núm. 97.

Grain. 2010. "La agricultura campesina puede enfriar el planeta". *Rebelión*, 15 de octubre. [http://www.rebelion.org/noticia.php?id=114851]

Grain. 2018. *Emissions impossible: How big meat and dairy are heating up the planet*. [https://www.grain.org/article/entries/5976-emissions-impossible-how-big-meat-and-dairy-are-heating-up-the-planet]

Grupo ETC. 2010. Geopiratería. Argumentos en contra de la geoingeniería. México, 25 de noviembre. [http://www.etcgroup.org/sites/www.etcgroup.org/files/Geopiracy_Spanish_4webNov25.pdf]

Grupo Intergubernamental de Expertos sobre el Cambio Climático. 2014. *Cambio climático 2014*. Informe de síntesis. Ginebra. [https://www.ipcc.ch/site/assets/uploads/2018/02/SYR_AR5_FINAL_full_es.pdf]

GUDYNAS, EDUARDO. 2015. *Extractivismos. Ecología, economía y política de un modo de entender el desarrollo y la Naturaleza.* Cochabamba: CEDIB y CLAES.

HANLEY, STEVE. 2018. "US, Russia, Saudi Arabia, & Kuwait Torpedo COP 24 Conference in Poland". *Clean Technica,* 10 de diciembre. [https://cleantechnica.com/2018/12/10/us-russia-saudi-arabia-kuwait-torpedo-cop-24-climate-conference-in-poland/]

HARDIN, GARRETT. 1968. "The Tragedy of the Commons". *Science,* vol. 162, núm. 395, 13 de diciembre.

IDSO, CRAIG D. y otros. 2014. *Climate Change Reconsidered II. Biological Impacts,* Nongovernmental Panel on Climate Change, Heartland Institute. [http://climatechangereconsidered.org/climate-change-reconsidered-ii-biological-impacts/]

Instituto Boliviano de Comercio Exterior (IBCE). 2018. "Cifras del comercio exterior boliviano 2017". *Comercio Exterior,* núm. 259. Santa Cruz. [http://ibce.org.bo/images/publicaciones/ce-259-Cifras-del-Comercio-Exterior-Boliviano-2017.pdf]

Intergovernmental Panel on Climate Change. 2018. Global Warming of 1.5 °C. [https://www.ipcc.ch/sr15/].

International Energy Agency. 2017. *World Energy Outlook 2017.* [https://www.iea.org/weo2017/]

International Forum on Globalization (S/F). *Kochtopus.* [http://ifg.org/kochtopus/]

JAMAIL, DAHR. 2018. "As Glacier-Fed Rivers Disappear. One-Sixth of Global Population Is at Risk", *Truthout,* 4 de junio. [https://truthout.org/articles/as-glacier-fed-rivers-disappear-one-sixth-of-global-population-is-at-risk/]

JAMASMIE, CECILIA. 2017. "Ecuador anticipates $4 billion in mining investments by 2021". *Mining.com,* 10 de marzo. [http://www.mining.com/ecuador-anticipates-4-billion-in-mining-investments-by-2021/]

JARA TRIVIÑO, MARGARITA DE JESÚS. 2017. *Criminalización de la protesta social en el Ecuador desde la constitución del 2008.* Guayaquil, septiembre. [http://repositorio.ucsg.edu.ec/bitstream/3317/8739/1/T-UCSG-POS-MDC-105.pdf]

JAVIS, BROOKE. 2018. "The Insect Apocalypses is Here. What does it mean for the rest of life on Earth?", *The New York Times* (27 de noviembre).

JONAS, HANS. 1984. *The Imperative of Responsibility: In Search of an Ethics for the Technological Age.* Chicago y Londres: The University of Chicago Press.

KLARE, MICHAEL. 2018. "The Strategy of Maximal Extraction. How Donald Trump Plans to Enlist Fossil Fuels in the Struggle for Global Dominance". *TomDispatch.com,* 11 de febrero. [http://www.tomdispatch.com/blog/176384/]

KOTHARI, ASHISH y K. J. Joy. 2017. *Alternative Futures: India Unshackled.* India: Paranjoy Guha Thakurta for AuthorsUpFront Publishing Services Private Limited.

Lancet. 2018. "Informe del Lancet Countdown sobre la salud y el cambio climático 2018: dando forma a la salud de las naciones en siglos venideros". Londres, diciembre. [https://www.actasanitaria.com/documentos/informe-lancet-countdown/].

LANDER, EDGARDO. 1990. *Contribución a la crítica del marxismo realmente existente: Verdad, ciencia y tecnología.* Caracas: Universidad Central de Venezuela.

LANDER, EDGARDO (editor). 2000. *La colonialidad del saber: eurocentrismo y ciencias sociales. Perspectivas latinoamericanas.* Caracas: UNESCO y Universidad Central de Venezuela.

LANDER, EDGARDO. 2004. "Sujetos, saberes, emancipaciones", en *Reforma ou Revolução?* Fundação Rosa Luxemburg y Laboratório de Políticas Públicas da UERJ. São Paulo: Editora Expressão Popular.

LANDER, EDGARDO. 2011. *La economía verde. El lobo se viste con piel de cordero.* Transnational Institute. Amsterdam. [https://www.tni.org/es/publicacion/la-economia-verde-el-lobo-se-viste-con-piel-de-cordero]

LANDER, EDGARDO. 2018. "Venezuela. The Bolivarian experience. A struggle to transform capitalism", en *Alternatives in a World of Crisis, Global Working Group Beyond Development,* editado por en Miriam Lang, Claus Dieter König y Ada-Charlotte Regelmann. Rosa Luxemburg Foundation. Bruselas: 2018.

LANDER, EDGARDO. 2019. "Renovado asalto a las condiciones de reproducción de la vida. Política energética y cambio climático en la era de Trump". Texto presentado en el encuentro *Horizontes en disputa: Modernidad capitalista, nuevas derechas posdemocráticas y alternativas desde los márgenes* del Grupo de Trabajo Permanente del Alternativas al Desarrollo de la Oficina Regional Andina de la Fundación Rosa Luxemburg con sede en Quito.

LEFF, ENRIQUE. 2006. *Aventuras de la epistemología ambiental.* México: Siglo XXI Editores.

LEVENSON, ERIC y Brandon Miller. 2018. "2018 is on pace to be the 4th-hottest year on record", CNN, 28 de julio. [https://edition.cnn.com/2018/07/28/us/2018-global-heat-record-4th-wxc/index.html]

LIPTAK, ADAM. 2010. "Justices, 5-4, Reject Corporate Spending Limit". *The New York Times* (21 de enero).

LÖWY, MICHAEL. 2012. *Ecosocialismo. La alternativa radical a la catástrofe ecológica capitalista.* Madrid: Editorial Biblioteca Nueva. [https://climateandcapitalism.com/]

MACHADO ARÁOZ, HORACIO. 2013. *Potosí, el origen. Genealogía de la minería contemporánea.* Buenos Aires: Mardulce.

MADRID LARA, EMILIO. 2013. Colectivo de Coordinación de Acciones Socio-Ambientales, Bolivia. "Resistencias y persistencias ante la visión fetichizada de la minería y el desarrollo". *Astrolabio,* núm. 11. [https://revistas.unc.edu.ar/index.php/astrolabio/article/download/5548/7396].

MADURO MORO, NICOLÁS. 2016. República Bolivariana de Venezuela. "Decreto 2248 de Creación de la Zona de Desarrollo Estratégico Nacional 'Arco Minero del Orinoco'". *Gaceta Oficial de la República Bolivariana de Venezuela,* núm. 40.855, Caracas, 26 de febrero. [https://www.juris-line.com.ve/data/files/3311.pdf]

MALINS, CHRIS. 2017. *For peat's sake. Understanding the climate implications of palm oil biodiesel consumption.* Rainforest Foundation Norway. [https://d5i6is0eze552.cloudfront.net/documents/Publikasjoner/Andre-rapporter/For-peats-sake-Climate-implications-of-palm_May2017.pdf?mtime=201705311701]

MARTÍNEZ, ESPERANZA. 2009. *Yasuní. El tortuoso camino de Kioto a Quito.* Quito: Abya Yala y Comité Ecuménico de Proyectos (CRP).

MARTÍNEZ, ESPERANZA y Alberto Acosta (compiladores). 2010. *ITT-Yasuní. Entre el petróleo y la vida.* Quito: Abya Yala.

MARTÍNEZ ALLIER, JOAN. 2009. *El ecologismo de los pobres.* Barcelona: Editorial Icaria.

MCCARTHY, MICHAEL. 2004. "Only nuclear power can now halt global warming". *The Independent.* Londres, 24 de mayo. [https://www.independent.co.uk/environment/only-nuclear-power-can-now-halt-global-warming-61804.html]

MCDONALD, CHARLOTTE. 2015. "How many Earths do we need?". *BBC News,* 16 de junio. [https://www.bbc.com/news/magazine-33133712]

MERCHANT, CAROLYN. 1980. *The Death of Nature: Women, Ecology and the Scientific Revolution.* San Francisco: Harper and Row.

Metiendoruido.com. 2016. Proyecto IIRSA. Cuando la geografía es un obstáculo para el saqueo, julio. [http://metiendoruido.com/2016/07/proyecto-iirsa-cuando-la-geografia-es-un-obstaculo-para-el-saqueo/]

MIES, MARIA y Vandana Shiva. 2016. *Ecofeminismo. Teoría, crítica y perspectivas.* Barcelona: Editorial Antrazyt.

MIES, MARIA. 2008. "Decolonizing the Iceberg Economy". *Feminist Perspectives, Social Knowledge: Heritage, challenges and perspectives.* International Sociological Association.

MIGNOLO, WALTER. 1995. *The Darker Side of the Renaissance. Literacy, Territoriality and Colonization.* Ann Arbor: The University of Michigan Press.

MILLÁN ARIA, EINSTEIN. 2019. "PDVSA: Entre fallidos negocios y contratos". *Aporrea.* Caracas, 10 de enero. [https://www.aporrea.org/imprime/a274047.html]

MORENO, CAMILA. 2013. "Las ropas verdes del rey. La economía verde: una nueva fuente de acumulación primitiva", En A*lternativas al capitalismo/colonialismo del siglo XXI,* compilado por Miriam Lang, Claudia López y Alejandra Santillana. Grupo Permanente de Trabajo sobre Alternativas al Desarrollo. Quito: Fundación Rosa Luxemburg.

MORENO, CAMILA, Daniel Speich Chassé y Lili Fuhr. 2017. *La métrica del carbono: ¿el CO_2 como medida de todas las cosas? El poder de los números en la política ambiental global.* Fundación Heinrich Böll, México, Centroamérica y El Caribe, México. [https://mx.boell.org/sites/default/files/carbon_metrics-impresion.pdf]

Naciones Unidas. Departamento de Asuntos Económicos y Sociales. 2014. *Decenio Internacional para la Acción 'El Agua fuente de vida' 2005*-2015, 2 de febrero. [http://www.un.org/spanish/waterforlifedecade/human_right_to_water.shtml]

NUNCOMBE, ANDREW. 2017. "Donald Trump gives presidential approval to Keystone XL oil pipeline". *The Independent.* Londres, 24 de marzo. [https://www.independent.co.uk/news/world/americas/donald-trump-keystone-xl-oil-pipeline-presidential-approval-environment-a7647721.html]

Observatorio Electoral Venezolano. 2018. *Todo lo que debes saber sobre las elecciones del 9-D*. Caracas, 31 de octubre. [http://www.oevenezolano.org/2018/10/31/todo-lo-que-debes-saber-sobre-las-elecciones-del-9-d/]

OCMAL (Observatorio de Conflictos Mineros en América Latina). 2017. *Criminalización de la protesta social por oposición a la minería en América Latina,* 21 de julio. [https://cedib.org/post_presentaciones/criminalizacion-de-la-protesta-social-por-oposicion-a-la-mineria-en-america-latina/].

OPEC. 2018. *Monthly Oil Market Report*. Viena: diciembre. [https://momr.opec.org/pdf-download/index.php]

OPPENHEIM, MAYA. 2017. "Noam Chomsky: Republican Party is the most dangerous organisation in human history". Londres: *The Independent,* 27 de abril. [https://www.independent.co.uk/news/world/americas/noam-chomsky-republican-party-most-dangerous-organisation-human-history-us-politics-mit-linguist-a7706026.html]

Oxfam International. 2018. *Reward Work, not Wealth*. [https://www.oxfam.org/en/research/reward-work-not-wealth]

PACHECO, MAYRA. 2018. "La Contraloría identifica 7648 fisuras en la hidroeléctrica Coca Codo Sinclair", Quito: *El Comercio,* 15 de noviembre.

PADURA, LEONARDO. 2018. *La transparencia del tiempo*. Barcelona: Editorial Tusquets.

PALACÍN QUISPE, MIGUEL. 2011. "¿Criminalización en Bolivia?". *Alai, América Latina en Movimiento*. Quito, 13 de septiembre. [https://www.alainet.org/es/active/49412]

PATEMAN, CAROL. 1980. "Feminist Critiques of the Public/Private Dichotomy" y "The Patriarcal Welfare State", en Carol Pateman. *The Disorder of Women*. Chicago: The University of Chicago Press.

Plataforma Ciudadana en Defensa de la Constitución. 2018. "Acuerdos de Servicios de PDVSA comprometen la soberanía, violan la Constitución y la Ley de Hidrocarburos", *Aporrea*. Caracas: 27 de diciembre. [www.aporrea.org/energia/a273526.html].

POPOVICH, NADJA, Livia Albeck-Ripka y Kendra Pierre-Louis. 2018. "66 Environmental Rules on the Way Out Under Trump", *The New York Times*. Actualizado el 31 de enero 2018. [https://www.nytimes.com/interactive/2017/10/05/climate/trump-environment-rules-reversed.html]

Potsdam Institute for Climate Impact Research y otros. 2017. (2020 *The Climate Turning Point.* [https://www.mission2020.global/climate-turning-point/].

PRADA ALCOREZA, RAÚL. 2017. "Los nuevos patrones, los nuevos conquistadores". Clajadep: Red de divulgación e intercambios sobre autonomía y poder popular, 20 de agosto. [https://clajadep.lahaine.org/?p=18869&print=1]

PRADA ALCOREZA, RAÚL. 2018. "Las organizaciones paralelas apócrifas". *Red Bolivia Mundo*, 21 de enero. [http://www.boliviamundo.net/las-organizaciones-paralelas-apocrifas/]

Programa de Naciones Unidas para el Medio Ambiente (PNUMA). 2011. Hacia una economía verde: Guía para el desarrollo sostenible y la erradicación de la pobreza. Síntesis para los encargados de la formulación de políticas. [www.unep.org/greeneconomy].

PROVEA. 2018. "ACNUR. La cifra de personas refugiadas y migrantes venezolanas alcanza los 3 millones". Caracas, 9 de noviembre. [https://www.derechos.org.ve/actualidad/la-cifra-de-personas-refugiadas-y-migrantes-venezolanas-alcanza-los-3-millones]

PSUV. 2009. Estatutos del Partido Socialista Unido de Venezuela, Caracas. [http://www.psuv.org. ve/psuv/estatutos/].

Public Citizen. 2010. 12 Months After the Effects of Citizens United on Elections and the Integrity of the Legislative Process. Washington. [http://www.citizen.org/12-months-after]

Public Citizen. s/f. Nuclear Power and Global Warming. [https://www.citizen.org/sites/default/files/nuclearglobalwarming.pdf].

Queensland Museum. 2010-2019. *Biodiversity and the Great Barrier Reef. Queensland Museum.* [http://www.qm.qld.gov.au/Find+out+about/Environment/Great+Barrier+Reef]

QUIJANO, ANÍBAL. 2001. "Colonialidad del poder: Globalización y democracia". *Revista de Ciencias Sociales de la Universidad Autónoma de Nuevo León.* Nuevo León.

QUIJANO, ANÍBAL. 1992. "Raza, etnia, nación: cuestiones abiertas", en Roland Forgues (editor), *José Carlos Mariátegui y Europa. La otra cara del descubrimiento.* Lima: Amauta.

QUIJANO, ANÍBAL. 2000. "Colonialidad del poder, eurocentrismo y América Latina", *en La colonialidad del saber: Eurocentrismo y ciencias sociales.*

Perspectivas latinoamericanas, editado por Edgardo Lander. Buenos Aires: CLACSO.

QUIJANO, ANÍBAL. 2014. *Cuestiones y horizontes. De la dependencia histórico estructural a la colonialidad/descolonialidad del poder. Antología esencial.* Buenos Aires: CLACSO.

RABATEL. A. y otros. 2013. "Current state of glaciers in the tropical Andes: a multi-century perspective on glacier evolution and climate change". *The Cryosphere*, núm. 7. [www.the-cryosphere.net/7/81/2013/].

Rainforest Action Network. 2018. Banking on Climate Change. Fossil Fuel Finance Report Card 2018. [https://d3n8a8pro7vhmx.cloudfront.net/rainforestactionnetwork/pages/19540/attachments/original/1522211861/Banking_on_Climate_Change_2018_vWEB.pdf?1522211861].

RATTANI, VIJETTA. 2018. "Climate wrecker' US pushes its regressive agenda at IPCC talks". *Down to Earth*, 4 de octubre. [https://www.downtoearth.org.in/news/climate-change/-climate-wrecker-us-pushes-its-regressive-agenda-at-ipcc-talks-61792]

Red de Intelectuales y Artistas en Defensa de la Humanidad. 2017. *Revista Humanidad en Red*, 15 de agosto. [http://www.humanidadenred.org.ve/?p=8617].

RED-DESC, Movimiento de Afectados por las Represas (MAB). s/f. [https://www.escr-net.org/es/miembro/movimiento-afectados-por-represas-mab]

República Bolivariana de Venezuela. Asamblea Nacional Constituyente. 2017. "Ley Constitucional de Inversiones Extranjeras Productivas". *Gaceta Oficial de la República Bolivariana de Venezuela*, núm 41.310, Caracas, 29 de diciembre. [http://dctos.finanzasdigital.com/Gaceta-Oficial-41310-Ley-Inversion-Extranjera.pdf]

República de Bolivia, Asamblea Constituyente. 2009. *Constitución Política del Estado*. La Paz. [file:///C:/Documentos/América%20Latina/Bolivia/Constituyente/Bolivia.%20Constitución%20política%20del%20Estado.pdf]

República del Ecuador. Asamblea Constituyente. 2008. *Constitución de la República del Ecuador*. Quito. [https://www.acnur.org/fileadmin/Documentos/BDL/2008/6716.pdf].

República del Ecuador. Asamblea Constituyente. 2009. *Mandato Constituyente Minero*, núm. 6. Quito, 18 de abril. [https://flacsoandes.edu.ec/web/imagesFTP/10874.Mandato_Constituyente_6_Minero.pdf]

República del Ecuador. Asamblea Nacional. 2009. "Ley de minería". *Registro Oficial Suplemento 517 del 29 de enero.* [http://www.oas.org/juridico/pdfs/mesicic4_ecu_mineria.pdf]

República del Ecuador. Secretaría Nacional de Planificación y Desarrollo. 2009. *Plan Nacional para el Buen Vivir 2009-2013.* Quito. [http://www.planificacion.gob.ec/plan-nacional-para-el-buen-vivir-2009-2013/]

República del Ecuador. La Corte Constitucional para el periodo de transición. 2010. *Sentencia núm. 001-10-SIN-CC.* Quito. [https://www.palermo.edu/derecho/pdf/publicaciones/Revista_DerechoAmbiental_Ano4-N1_04.pdf]

República del Ecuador. Ministerio de Relaciones Exteriores y Movilidad Humana. 2015. *El caso Chevron/Texaco en Ecuador. Una lucha por la justicia ambiental y social.* Quito. [https://www.cancilleria.gob.ec/wp-content/uploads/2015/06/Expediente-Caso-Chevron-abril-2015.pdf]

República del Ecuador. Ministerio de Justicia, Derechos Humanos y Cultos. Subsecretaría de Desarrollo Normativo. 2014. *Código Orgánico Integral Penal.* Quito. [https://oig.cepal.org/sites/default/files/2014_codigopenalart.147-150_ecuador.pdf]

RESINA DE LA FUENTE, JORGE. 2012. *La plurinacionalidad en disputa: el pulso entre Correa y la CONAIE.* Quito: Abya Yala.

RIBEIRO, SILVIA. 2016. *La nueva medida de todas las cosas: el carbono.* México: Grupo ETC. [http://www.etcgroup.org/es/content/la-nueva-medida-de-todas-las-cosas-el-carbono]

RIBEIRO, SILVIA. 2018. "Caos climático, capitalismo y geoingeniería". *La Jornada.* México, 13 de octubre.

ROA, TATIANA y Luis María Navas (coordinadores). 2014. *Extractivismo, conflictos y resistencias.* Bogotá: Censat Agua Viva - Amigos de la Tierra.

RODRÍGUEZ ROSAS, RONNY. 2018. "Gobierno exonera el pago del Islr a Pdvsa, filiales y empresas mixtas". *Efecto Cocuyo.* Caracas, 4 de agosto. [http://efectococuyo.com/principales/gobierno-exonera-el-pago-del-islr-a-pdvsa-filiales-y-empresas-mixtas/]

RODRÍGUEZ ARAQUE, ALÍ. 2014. "Recursos naturales como eje dinámico de la estrategia de UNASUR". *ALAI, América Latina en Movimiento.* Quito, 24 de marzo. [http://cancilleria.gob.ec/wp-content/uploads/2013/07/declaracion-alba-guayaquil-julio-2013.pdf]

ROMERO, CÉSAR y Francisco Ruiz. 2018. "Dinámica de la minería en pequeña escala como sistema emergente. Dislocaciones y ramificaciones entre lo local y lo nacional", En *Venezuela desde adentro. Ocho investigaciones para un debate necesario*, compilado por Karin Gabbert y Alexandra Martínez. Quito: Fundación Rosa Luxemburgo. Oficina Región Andina. [https://www.rosalux.org.ec/pdfs/VENEZUELA-DESDE-ADENTRO_12.pdf]

RUSHKOFF, DOUGLAS. 2018. "La supervivencia de los más ricos y cómo traman abandonar el barco", *Ctxt. Revista Contexto*, 1 de agosto. [https://ctxt.es/es/20180801/Politica/21062/tecnologia-futuro-ricos-pobres-economia-Douglas-Rushkoff.htm]

SACHER, WILLIAM. 2017. *Ofensiva megaminera china en Los Andes. Acumulación por desposesión en el Ecuador de la "Revolución Ciudadana".* Quito: Abya Yala.

SACHER, WILLIAM y Alberto Acosta. 2012. *La minería a gran escala en el Ecuador*. Quito: Abya Yala.

SALLEH, ARIEL. 2007. *Ecofeminism as Politics. Nature, Marx, and the Postmodern*. Londres: Zed Books.

Salva la Selva. 2013. *Exigen que se detengan concesiones petroleras en la Amazonía.* [https://www.salvalaselva.org/noticias/4924/indigenas-ecuatorianos-exigen-que-se-detengan-concesiones-petroleras-en-la-amazonia]

Salva la Selva. 2017. *En 2018 sigue la defensa del TIPNIS en Bolivia*, 20 de diciembre. [https://www.salvalaselva.org/noticias/8552/en-2018-sigue-la-defensa-del-tipnis-en-bolivia]

SCOTT, JAMES C. 1998. *Seeing Like a State. How Certain Schemes to Improve the Human Condition Failed*. New Heaven y Londres: Yale University Press.

SEOANE, JOSÉ, Taddei, Emilio y Algranti, Clara. 2013. *Extractivismo, despojo y crisis climática. Desafíos para los movimientos sociales y los proyectos emancipatorios de Nuestra América*. Buenos Aires: Ediciones Herramienta / El Colectivo / Grupo de Estudios sobre América Latina y El Caribe.

SEGATO, RITA. 2018. Presentación en encuentro del Grupo Permanente de Trabajo de Alternativas al Desarrollo de la Fundación Rosa Luxemburg, Oficina Quito, Horizontes en disputa: modernidad capitalista, nuevas derechas posdemocráticas y alternativas desde los márgenes. Playas, Ecuador. Mayo.

Servindi. 2011. "Bolivia: Violenta represión a la marcha indígena por el TIPNIS". Videos, 26 de septiembre. [https://www.servindi.org/actualidad/52119]

Servindi. 2016. "IIRSA: la infraestructura de la devastación", 24 de octubre. [https://www.servindi.org/actualidad-noticias/23/10/2016/documental-sobre-extractivismo-iirsa-la-infraestructura-de-la].

Servindi. 2018. "Evo Morales cambia su discurso y ahora favorece a los biocombustibles". [https://www.servindi.org/opinion/12/09/2018/evo-morales-y-el-fin-de-un-discurso-en-contra-los-biocombustibles-en-bolivia]

SHELL. 2018. Shell Energy Transition Report (2018). [https://www.shell.com/energy-and-innovation/the-energy-future/shell-energy-transition-report.html]

SINGER, S. Fred. 2008. *Nature, Not Human Activity, Rules the Climate.* Heartland Institute, Chicago. [https://www.heartland.org/publications-resources/publications/nature-not-human-activity-rules-the-climate-pdf]

Sistema de Alerta, Monitoreo y Atención en Nutrición y Salud (A.A.M.A.N) y Caritas Venezuela. 2018. *Monitoreo de la situación nutricional de niños menores de cinco años.* Caracas, enero-marzo. [http://caritasvenezuela.org/wp-content/uploads/2018/09/7mo-Boletín-Saman-Abril-Julio-2018-compressed.pdf]

Somos Sur. 2014. "Un reactor nuclear en Bolivia", octubre. [https://somossur.net/index.php/economia/mega-proyectos-bajo-la-lupa/1510-planta-de-energia-nuclear-en-bolivia]

Somos Sur. 2016. "TIPNIS: infamia de una 'Consulta' manipulada. Revisión de informes sobre la "Consulta previa, libre e informada a los pueblos indígenas del Territorio Indígena y Parque Nacional Isiboro Sécure (TIPNIS)" de 2012. [https://somossur.net/documentos/20170725_tipnis_consulta.pdf]

Stockholm Resilience Center. 2015. *Planetary Boundaries - an update.* Estocolmo. [http://www.stockholmresilience.org/research/research-news/2015-01-15-planetary-boundaries---an-update.html]

SUPERVILLE, DARLENE. 2018. "Trump signs $700 billion military budget into law". PBS News Hour, 12 de diciembre. [https://www.pbs.org/newshour/politics/trump-signs-700-billion-military-budget-into-law]

SVAMPA, MARISTELLA. 2017. Del cambio de época al fin de ciclo. Gobiernos progresistas, extractivismo y movimientos sociales en América Latina. Buenos Aires: Edhasa.

SVAMPA, MARISTELLA y Enrique Viale. 2014. *Maldesarrollo. La Argentina del extractivismo y el despojo.* Buenos Aires: Katz Editores.

TEJADA SORUCO, ALICIA. 2011. *Minería en las tierras bajas de Bolivia.* Centro de Documentación e Información Bolivia (CEDIB), Cochabamba, [https://cedib.org/wp-content/uploads/2012/08/mineria_tierras_bajas.pdf]

TEMPLE, JAMES. 2017. "President Trump Takes Immediate Aim at Obama's Climate Action Plan". *MIT technology Review*, 20 de enero. [https://www.technologyreview.com/s/603418/president-trump-takes-immediate-aim-at-obamas-climate-action-plan/]

Territorios en Resistencia. 2014. "Comunarias toman la maquinaria de la cooperativa Relámpago, en la localidad de Teoponte", 15 de octubre. [https://www.territoriosenresistencia.org/noticias/comunarias-toman-la-maquinaria-de-la-cooperativa-relampago-en-la-localidad-de-teoponte]

The Nongovernmental Panel on Climate Change. 2017. Heartland Institute, Arlington Heights, Ilinois. [http://climatechangereconsidered.org/about-the-nipcc/]

The White House. 2017 a. Presidential Executive Order on Promoting Energy Independence and Economic Growth, Washington, 28 de marzo. [https://www.whitehouse.gov/presidential-actions/presidential-executive-order-promoting-energy-independence-economic-growth/]

The White House. 2017 b. *National Security Strategy 2017.* Washington, diciembre. [https://www.whitehouse.gov/wp-content/uploads/2017/12/NSS-Final-12-18-2017-0905.pdf]

The Heartland Institute (S/F). [https://www.heartland.org/]

Transnational Institute. 2016. *Towards Energy Democracy.* Discussions and outcomes from an international workshop, Amsterdam. [https://www.tni.org/en/topic/energy-democracy].

Transnational Institute y Carbon Trade Watch. 2007. *El cielo no es el límite: el mercado emergente de gases efecto invernadero.* Amsterdam. [https://www.tni.org/es/publicacion/el-cielo-no-es-el-limite]

TRUMP, DONALD. 2017. "Remarks by President Trump at the Unleashing American Energy Event". *All News U. S. Department of Energy Washington,*

D.C, junio 29. [https://www.whitehouse.gov/briefings-statements/remarks-president-trump-unleashing-american-energy-event/]

U. S. Global Change Research Program. 2018. *Fourth National Climate Assessment*. Washington, noviembre. [https://www.globalchange.gov/nca4].

UNASUR. 2008. *Declaración de presidentes UNASUR por crisis en Bolivia*, Reuters, Santiago, 15 de septiembre. [https://lta.reuters.com/article/domesticNews/idLTAN1533709020080916]

UNASUR. 2011. Tratado Constitutivo de la Unión de Naciones Suramericanas. Quito, 11 de marzo. [https://www.unasursg.org/images/descargas/DOCUMENTOS%20CONSTITUTIVOS%20DE%20UNASUR/Tratado-unasur-solo.pdf]

UNESCO. 2018. *Atlas de glaciares y aguas andinos. El impacto del retroceso de los glaciares sobre los recursos hídricos*. París. [https://es.unesco.org/news/lanzamiento-atlas-retroceso-glaciares-andinos-y-reduccion-aguas-glaciares]

Union of Concerned Scientists. s/f. *Nuclear Power and Global Warming*. [https://www.ucsusa.org/nuclear-power/nuclear-power-and-global-warming#.W6fKl_zFzyQ]

VAN TEIJLINGEN, KAROLIEN y otros. 2017. *La amazonia minada. Minería en gran escala y conflictos en el sur del Ecuador*. Quito: USFQ y Abya Yala.

Vía Campesina. 2015. ¡Juntos podemos enfriar el planeta! [https://viacampesina.org/es/juntos-podemos-enfriar-el-planeta/]

VITTI, MINERVA. 2018. "Una mirada estructural del megaproyecto Arco Minero del Orinoco". *Revista SIC*. Caracas, 27 de junio. [http://revistasic.gumilla.org/2018/una-mirada-estructural-del-megaproyecto-arco-minero-del-orinoco-i/]

WALLERSTEIN, IMMANUEL. 2002. "Porto Alegre 2002". México: *La Jornada*, 10 de febrero. [http://www.jornada.com.mx/2002/02/10/026a1mun.php?origen=index.html]

WALSH, CATHERINE. 2009. *Interculturalidad, Estado y Sociedad. Luchas (de) coloniales de nuestra época*. Quito: Universidad Andina Simón Bolívar y Abya-Yala.

WIDRIG, MARCEL. 2018. New visionaries and the Chinese Century. Billionaires insights 2018. USB y PWC. [https://www.pwc.ch/en/insights/fs/billionaires-insights-2018.html]

Wikipedia. *Global Climate Coalition.* Consultado el 25 de marzo, 2018.

World Economic Forum. 2016. *The number of cars worldwide is set to double by 2040,* 22 de abril. [https://www.weforum.org/agenda/2016/04/the-number-of-cars-worldwide-is-set-to-double-by-2040]

WWF y otros. 2016. *Planeta vivo. Informe 2016. Riesgo y resiliencia en una nueva era.* [http://awsassets.panda.org/downloads/informe_planeta_vivo_2016.pdf]

WWF y otros. 2018. *Living Planet Report 2018: Aiming Higher.* Gland. Suiza. [https://wwf.panda.org/knowledge_hub/all_publications/living_planet_report_2018/]

ZACONETA TORRICO, ALFREDO J. 2017. "El zinc en Bolivia: entre la negligencia y el desconocimiento", en CEDLA. *Reporte anual de industrias extractivas.* La Paz. [http://www.cedla.org/ieye/libro/53214]

ZIBECHI, RAÚL. 2006. *IIRSA: la integración a la medida de los mercados.* Programa de las Américas. Informe Especial, 13 de junio. [http://americas.irc-online.org/pdf/reports/0606iirsa-esp.pdf]

ZIBECHI, RAÚL. 2010. "Luces y sombras de la década progresista". México: *La Jornada,* 31 de diciembre.

ZIBECHI, RAÚL. 2016. "Interconexión sin integración: 15 años de IIRSA". Centro de Derechos Económicos y Sociales (CDES). [http://cdes.org.ec/web/interconexion-sin-integracion-15-anos-de-iirsa/]

ZIBECHI, RAÚL. 2018. "Ellos" se preparan, nosotros..." *Aporrea,* Caracas, 9 de diciembre. [www.aporrea.org/actualidad/a272863.html].

ZORRILLA, CARLOS. 2017. "Ecuador's extractive policies and the silencing of dissent". *Democracia abierta,* 16 de marzo. [https://www.opendemocracy.net/democraciaabierta/carlos-zorrilla/ecuador-s-extractive-policies-and-silencing-of-dissent].

AUTOR

Edgardo Lander

Profesor de Ciencias Sociales en la Universidad Central de Venezuela en Caracas (jubilado). Formó parte del Comité Organizador del Foro Social Mundial realizado en Caracas en el año 2006, así como de la delegación venezolana en las negociaciones del *Acuerdo de Libre Comercio de las Américas* que fue finalmente derrotado. Es asociado del Instituto Transnacional (Ámsterdam) y miembro del Grupo de Trabajo de Alternativas al Desarrollo de la Fundación of Rosa Luxemburg (oficina de Quito) y del Grupo Global de Trabajo más allá del Desarrollo de la Fundación Rosa Luxemburgo (Oficina Bruselas). Profesor invitado en el programa de doctorado en Estudios Culturales Latinoamericanos de la Universidad Andina Simón Bolívar en Quito, también forma parte de la Plataforma Ciudadana en Defensa de la Constitución.

OTROS TÍTULOS DE LA COLECCIÓN

Crisis civilizatoria. Experiencias de los gobiernos progresistas y debates en la izquierda latinoamericana

---

Coordinación editorial
Iliana Ávalos González

Coordinación de producción
Sol Ortega Ruelas

Cuidado editorial
Jorge Orendáin Caldera

Diseño de la colección
Paola E. Vázquez Murillo
Pablo Ontiveros

Diagramación
Georgina Fernández Preciado